Reinhard Kaufmann · Kleiner Führer durch Steyr

D1728900

Reinhard Kaufmann

Kleiner Führer durch Steyr

ENNSTHALER VERLAG STEYR

www.ennsthaler.at

4., überarbeitete Auflage 2017
ISBN 978-3-85068-297-8
Reinhard Kaufmann · Kleiner Führer durch Steyr
Alle Rechte vorbehalten
Copyright © 1989 by Ennsthaler Verlag, Steyr
Ennsthaler Gesellschaft m.b.H. & Co KG, 4400 Steyr, Österreich
Satz und Umschlag: Traxl Thomas & Ennsthaler Verlag, Steyr
Titelfoto: © Carl Maria Gaul
Alle Fotos: © Reinhard Kaufmann
Foto Nationalpark: © Marco Vanek
Grafiken auf Seiten 106 und 112:
Ronald Ganglmayer, www.raumc.com
Druck und Bindung: Těšínská Tiskárna, Český Těšín

INHALT

Statt eines Vorworts 7

Geografie und wirtschaftliche Entwicklung 11

Geschichte 13

Stadtplatz 25

Stadtpfarrkirche 29

Schloss Lamberg 33

Schlossgalerie 35

Innerberger Stadel 37

Bummerlhaus 39

Innenhöfe am Stadtplatz 41

Ennsdorf 43

Michaelerkirche 45

Steyrdorf 47

Dunklhof 51

Wieserfeldplatz 53

Friedhof 57

Wehrgraben 59

Museum Arbeitswelt 61

Kulturhaus Röda 65

Münichholz 67

Christkindl 69

Garsten 71

Steyrtal-Museumsbahn 75

Josef Werndl 77

Steyr-Werke 81

Eisenuhrenmuseum Schmollgruber 85

Kletterhalle 87

Naturschutzgebiet Unterhimmler Au 89

Adventprogramm 91

Steyrer Kripperl 95

Weihnachtsmuseum 97

Moderne Architektur 99

Literatur in Steyr 103

Rundgang durch das historische Steyr 107

Eine Runde mit dem Fahrrad durch Steyr 113

Stadlkirchen 117

Nationalpark Kalkalpen 119

Unterkünfte, Restaurants, Cafés 121

Service / Adressen 127

STATT EINES VORWORTS:
STEYRER ZUSCHREIBUNGEN
UND IHRE HINTERGRÜNDE

(Alte) Eisenstadt – Diese Bezeichnung bezieht sich auf die jahrhundertelange Tradition des Eisens als Basis der wirtschaftlichen Aktivitäten in Steyr, ob im Handel mit dem Metall oder in der Erzeugung von Produkten, von Nägeln und Drähten bis zum Lkw.

Christkindlstadt – Diese Bezeichnung bezieht sich auf den Stadtteil Christkindl mit der Wallfahrtskirche und dadurch inspirierte umfangreiche Veranstaltungsprogramme. Termine von Ende November bis in den Jänner: Christkindlpostamt, Fahrten mit der Steyrtal-Museumsbahn und Oldtimerbussen, Weihnachtsmuseum, Schmiedeweihnacht und vieles andere.

Steyr am Nationalpark – Dem Versuch des Aufbaus einer Marke mit Bezug auf die Nähe des Nationalparks Kalkalpen fehlen plausible verbindende Angebote für die Stadt, den Nationalpark und die Anreise dorthin.

Arbeiterstadt – Seit der Industrialisierung im 19. Jahrhundert sind Fabrikarbeiter ein wesentlicher Teil der Steyrer Bevölkerung. Gewerkschafter stellten ab 1919 die meisten Bürgermeister. Im Februar 1934 war Steyr einer der Brennpunkte des Österreichischen Bürgerkriegs.

Romantikstadt – Was heute im Gegensatz zur oft wenig anspruchsvollen Architektur moderner Gebäude und öffentlicher Räume an den historischen Stadtteilen romantisch erscheint, war in alten Zeiten so nicht erlebbar. Das Schloss war Sitz einer oft grausamen Obrigkeit, die Altstadtgassen waren schmutzig, das Leben beschwerlich und für die meisten Menschen von Armut geprägt.

Autostadt – Motiviert durch die wirtschaftliche Bedeutung der Fahrzeugindustrie genießt das Automobil heute im öffentlichen Leben und durch die Pflege einer ausgeprägten »Drive-in-Kultur«, sowohl in die Altstadt wie ins Naturschutzgebiet hinein, eine (zu) hohe Aufmerksamkeit.

Naturhauptstadt Europas – Für diese Selbstdefinition des Stadtmarketings Steyr gibt es einige Anknüpfungspunkte: die Grünräume im Stadtbild, die sauberen Flüsse, das Naturschutzgebiet. Der Titel Hauptstadt muss aber noch verdient werden.

Reformationsstadt Europas – Im 16. Jahrhundert war Steyr, damals mit 8000 Einwohnern zweitgrößte Stadt Österreichs, weitgehend protestantisch. 500 Jahre danach wird diese von der Gegenreformation gewaltsam beendete Epoche wieder als bedeutend erinnert.

Die Stadtteile Ennsdorf (li.), Steyrdorf (vorn)
und Innere Stadt (re.) am Zusammenfluss von Enns und Steyr.
Im Hintergrund das oberösterreichische Voralpenland

GEOGRAFIE
UND WIRTSCHAFTLICHE
ENTWICKLUNG

Steyr, die drittgrößte Stadt Oberösterreichs, liegt zwischen 290 und 340 Metern Seehöhe. Nordöstlich grenzt Steyr an das Bundesland Niederösterreich. Nach Jahren mit stagnierender Bevölkerungszahl stieg diese zuletzt wieder (38.414 Einwohner mit Hauptwohnsitz zum 1.1.2017).

Die beiden Flüsse Enns und Steyr sowie die Schotter- und Konglomeratterrassen, in die sie sich gegraben haben, prägen Steyrs Topografie. Die Enns verbindet Steyr mit den Erzvorkommen der nördlichen Kalkalpen, besonders mit dem knapp 100 Kilometer entfernten Steirischen Erzberg. Auf Schiffen und Flößen wurden Erz und Roheisen seinerzeit flussabwärts transportiert. Die Wälder der oberösterreichischen Voralpen (Holz und Holzkohle) und die Nebenflüsse der Enns (Mühlräder) lieferten die Energie für die Eisengewinnung aus dem Erz und die Erzeugung von Metallwaren (Nägel, Drähte, Messer, Sensen etc.).

Die Absatzgebiete der Steyrer Eisenhändler wurden über die Enns und Donau beliefert. Auf den flachen, ertragreichen Böden des Alpenvorlandes zwischen der Stadt Steyr und der Donau konnten die Getreideüberschüsse für die Versorgung der Arbeitskräfte in der »Eisenwurzen« geerntet werden. Stattliche

Steyrer Stadtpfarrkirche vor der Region
Nationalpark Kalkalpen

Vierkanthöfe gelten nach wie vor als ein Markenzeichen der landwirtschaftlichen Kulturlandschaft zwischen Bergland und Donautal.

Der Erzberg liefert nach wie vor Erz, heute allerdings mit einem Bruchteil der Arbeitskräfte gegenüber noch vor fünfzig Jahren. Steyrs Partnerstadt Eisenerz hatte 1951 fast 13.000 Einwohner, heute nur noch knapp 4300.

Die Jahrhunderte dauernde wirtschaftliche Beschäftigung mit Eisen setzt sich in Steyr in der Dominanz metallverarbeitender Unternehmen wie BMW, MAN Truck & Bus und SKF fort.

In Steyrs Umgebung ist noch viel an funktionierender Kulturlandschaft und intakter Natur zu finden. 1997 wurde rund vierzig Kilometer südlich der Stadt im Bereich des Sengsengebirges und Reichraminger Hintergebirges der Nationalpark Kalkalpen geschaffen. 1998 wurden im Stadtgebiet Teile der Unterhimmler Au mit dem Steyrfluss zum Natur- bzw. Landschaftsschutzgebiet erklärt.

GESCHICHTE

Gründung, Frühzeit, Stadtrecht

Der Name Steyr wird auf das keltische styr (Wasser), vielleicht aber auch auf stero (hoch gelegen) zurückgeführt. Bis heute sind Flurnamen slawischen Ursprungs (wie Garsten, Raming, Sarning) in und um Steyr in Verwendung.

Die zweite Hälfte des 10. Jahrhunderts war eine bewegte Zeit an der Ostgrenze des bairischen Herzogtums. 955 dämmte Kaiser Otto I. mit dem Sieg auf dem Lechfeld bei Augsburg die ungarischen Raubzüge in Süddeutschland ein. Die stirapurc (heute: Schloss Lamberg) dürfte zunächst zur Sicherung der Grenze an der Enns entstanden sein. **Die Gründung Steyrs um 980** wird den Traungauer Grafen von Lambach zugeschrieben.

Die Bemalung des Torbogens am Fuß des Schlossbergs erinnert an zwei Ritter, die in der Gründungssage über den besten Ort für die Errichtung der Burg – hier oder gegenüber auf dem Tabor – in Streit geraten sein sollen. Eine Urkunde des Passauer Bischofs Pilgrim aus dem Jahr 985 nennt stirapurc erstmals – und damit einige Jahre vor der ersten Nennung ostarrichis im Jahr 996 – als einen der Orte, die an die Pfarrkirche in Sierning den Zehent zu leisten hatten.

Um 1050 residierte die Familie der **Otakare** als Grafen von Steyr auf der stirapurc. Ihr Oberhaupt wurde 1056 Markgraf der Oberen Karantaner Mark, aus der später die **Steiermark** entstanden ist. Diese Verbindung zeigt sich bis heute in der Ähnlichkeit der Wappen der Stadtgemeinde Steyr und des

Landes Steiermark. 1122 verlegte Markgraf Leopold seine Residenz von Steyr nach Graz. Der Letzte seiner Familie, Otakar IV., wurde 1180 von Kaiser Friedrich Barbarossa zum Herzog aufgewertet und vererbte das Herzogtum Steiermark mit der Urkunde »Georgenberger Handfeste« von 1186 an die **Babenberger**. Ihnen folgte nach dem Tod von Herzog Friedrich II. der Böhmenkönig **Przemysl Ottokar II.** als Landesherr in Österreich und Steiermark. Im »Frieden von Ofen« mit Ungarnkönig Bela IV. bestätigte er den Anschluss des Traungauer Adels und der Herrschaft Steyr an das Herzogtum Österreich.

Nach dem Sieg der **Habsburger** über Przemysl 1278 wurde Albrecht Herzog von Österreich. Er verlieh Steyr mit dem **Großen Privileg 1287** das **Stadtrecht**.

Steyrer Pantherwappen aus Nägeln
am Wasserturm in Zwischenbrücken

Zentrum der Eisenwirtschaft

Steyr stieg zum Zentrum der Eisenwirtschaft auf. Dazu beigetragen haben die Erzvorkommen aus Eisenerz/Innerberg, der Holzreichtum der nördlichen Kalkalpen, die nutzbare Energie der Flüsse und Bäche, die Befahrbarkeit der Enns für Flöße und kleine Schiffe sowie die bevorzugte Lage Steyrs am Zusammenfluss von Enns und Steyr. Der Wirtschaftsraum war unter dem Namen **Eisenwurzen** bekannt.

Neben der Wirtschaft, aber durchaus in Wechselwirkung mit wirtschaftlichen Interessen, war auch Steyr Schauplatz religiöser und ethnischer Konflikte: in der Zeit Ottokar Przemysls, als Verordnungen der Wiener Synode von 1267 zur Diskriminierung der ansässigen Juden führten; 1397, als die bibeltreue Gemeinschaft der **Waldenser** brutal verfolgt und an die hundert Gläubige im Kraxental verbrannt wurden.

Institutionelle Meilensteine waren die Wahl eines Stadtrichters aus dem Kreis der Bürger ab 1325 und die Wahl von Ratsherrn und eines Bürgermeisters ab **1499**. Die habsburgische Obrigkeit griff durch zentralistische und monopolistische Organisationsformen massiv in die Eisenwirtschaft ein: 1470 mit der Zusammenlegung der Messerer-Innungen von Steyr, Wien, St. Pölten, Waidhofen, Wels und Krems zur »Hauptmesserwerkstätte« mit Sitz in Steyr. 1626 erfolgte die Zusammenlegung der Eisenerzer Radmeister, der Hammerwerke und der Steyrer Eisenhändler in der Innerberger **Hauptgewerkschaft** – ein Versuch zur Bewältigung der Krise Anfang des 17. Jahrhunderts.

Reformation, Bauernkrieg und Gegenreformation

Die reformatorische Lehre Martin Luthers (1483–1546) wurde von der Mehrheit der Steyrer Bürger – wie auch von vielen Adeligen und Bauern in Oberösterreich – rasch aufgenommen. In dieser Zeit kam es zu einem Aufschwung des wirtschaftlichen und kulturellen Lebens. Auf dem Wieserfeld vor den Toren des Steyrdorfs wurden etwa hundert Messerer angesiedelt. Die selbstbewussten Handwerksmeister pflegten den Meistersang und gründeten Schulen. Die Bevölkerung Steyrs wuchs zwischen 1543 und 1567 von ca. 6000 auf 8650 Personen. Steyr war damals die **zweitgrößte Stadt Österreichs**. Im Reformations-Gedenkjahr 2017 wurde Steyr wegen seiner Rolle im 16. Jahrhundert in die Liste der 50 **Reformationsstädte Europas** aufgenommen.

Gegenreformatorische Maßnahmen der habsburgischen Landesfürsten blieben bis ins beginnende 17. Jahrhundert weitgehend wirkungslos. Erst die brutale bayerische Besatzungspolitik unter Statthalter Adam von Herberstorff von 1620–1628 setzte die Rückkehr des Landes zum Katholizismus durch. 1626 kam es im Zuge der Gegenreformation zum **Oberösterreichischen Bauernkrieg**. Der Steyrer Stadtrichter Wolfgang Madlseder, der dem Bauernheer die Tore der Stadt geöffnet hatte, wurde nach der Niederlage der Bauern 1627 in Linz hingerichtet. Sein Kopf wurde vor seinem Haus am Steyrer Stadtplatz Nr. 39 aufgestellt, um die Witwe zum katholischen Glauben zu bewegen.

Ungeachtet aller Nachteile für die wirtschaftliche Entwicklung wurden Bürger, die sich nicht bekehren lassen wollten, zum Verlassen der Stadt und Oberösterreichs gezwungen. In der Folge wurde etwa die Stahlwarenindustrie in Solingen (Nordrhein-Westfalen) von Steyrer Messerern mit aufgebaut.

Die Kirche demonstrierte ihre neue Macht durch eine Vielzahl barocker Neubauten, besonders der **Michaelerkirche** (Bauzeit 1635–1677) als das Stadtbild prägendes Denkmal der Gegenreformation.

Im 17. Jahrhundert entstanden in Steyr, begünstigt nicht zuletzt durch die Türkenkriege, Kriegswaffenproduktionen in größerem Stil.

Waldenserdenkmal von Gerald Brandstötter
am Prof.-Jörg-Reitter-Platz gegenüber Schloss Lamberg

Katastrophen und politische Umwälzungen

Brände und Hochwasser führten in Steyr immer wieder zu großen Zerstörungen – und lösten neue technische und bauliche Initiativen aus. Nach dem historisch höchsten Hochwasser im Jahr 1572 wurde am südlichen Ende der Altstadt, mehr zum Schutz gegen die Gewalt des Wassers der Enns als gegen angreifende Feinde, das Neutor errichtet, das noch heute besteht.

Der große Stadtbrand von 1727 zerstörte unter anderem die mittelalterliche Burg. An ihrer Stelle errichtete die Familie Lamberg (seit 1666 Eigentümer der Burg und Herrschaft Steyr) das barocke **Schloss Lamberg**.

Viele Bürgerhäuser erhielten bei der Wiederherstellung repräsentative barocke Fassaden, die gotischen Hauskerne blieben zumeist erhalten. Im Zuge der Kirchenpolitik von Kaiser Joseph II. wurden zwischen 1773 und 1784 alle Klöster in Steyr aufgelöst. Die Gebäude wurden als Schulen oder Gefängnisse weiterverwendet oder abgetragen. Mit der Aufhebung des Klosters Garsten 1787 endete die Leitung der Seelsorge in Steyr durch den Garstner Abt.

Industrialisierung

Anfang des 19. Jahrhunderts verlor die Steyrer Eisenwirtschaft den Anschluss an die technologische Entwicklung, insbesondere Englands. **Josef Werndl** (1831–1889), ein Ausnahme-Unternehmer, schaffte ab den 1860er-Jahren mit Innovationen (Hinterladergewehr mit Tabernakelverschluss) und neuesten Produktionstechniken, die er bei Waffenherstellern in den USA selbst studiert hatte, den Sprung zur industriellen Fertigung. Werndl nutzte nach der Niederlage gegen Preußen 1866 den Modernisierungsbedarf des k. u. k. Militärs durch Großaufträge für den Aufbau seines Unternehmens, der Österreichischen Waffenfabriks-Gesellschaft (ÖWG). 4000 Arbeiter stellten zu Spitzenzeiten wöchentlich 5000 Gewehre her. Im Stadtteil Wehrgraben entstanden viele neue Fabrikgebäude. Aus allen Teilen der Monarchie wurden Arbeiter nach Steyr gelockt, die bei schlechter Auftragslage allerdings kurzfristig entlassen wurden. Die Eisenbahnlinie zur Westbahnstrecke nach St. Valentin wurde 1868 eröffnet, 1888/89 wurde beim Schlüsslhof eine Jägerkaserne errichtet, um gegen soziale Unruhen gerüstet zu sein.

Gasthaus zum Goldenen Pflug,
Sierninger Straße, Gründungslokal des Steyrer
Metallarbeiterverbandes

19

Josef Werndl erkannte bald die Bedeutung der elektrischen Energie. Für die Industrieausstellung in Steyr im Jahr 1884 ließ er eine der ersten elektrischen Straßenbeleuchtungen in Europa einrichten, die mit Strom aus einem werkseigenen Wasserkraftwerk bei Zwischenbrücken (Heindlmühle) versorgt wurde.

Werndl war auch sozial innovativ. Die ÖWG errichtete 1874 für die Stammbelegschaft die **»Schwimmschule«**, eine Badeanstalt im Wehrgraben, die im Winter als Eislaufplatz genutzt wurde. Ab 1875 wurden damals vorbildliche **Arbeiterwohnhäuser**, zunächst im Eisenfeld, später auch in der Fabrikstraße und in der Wehrgrabengasse errichtet. 1894 begann die ÖWG, um den rückläufigen Waffenverkauf abzufedern, mit der Produktion von Fahrrädern (»Waffenrad«). 1896 gründeten Gewerkschafter im Gasthaus zum Goldenen Pflug den Steyrer Metallarbeiterverband.

Ein weiterer bedeutender Steyrer war **Ferdinand Redtenbacher** (1809–1863). Geboren als Sohn eines Eisenhändlers in Steyr, wurde er zum Begründer des modernen, wissenschaftlichen Maschinenbaus. Als Lehrer und Wissenschafter wirkte er von 1841 bis zu seinem Tod an der Technischen Hochschule Karlsruhe.

Die Kriege und Krisen des 20. Jahrhunderts

Wegen Platzmangels im Steyrdorf/Wehrgraben und befördert durch die Schäden des Hochwassers 1899 übersiedelte die Österreichische Waffenfabrik 1913–1916 auf die Plattnergründe im Ennsdorf. Nach dem Sturz der Monarchie am Ende des

Ersten Weltkriegs konnten die Steyrer Bürgerinnen und Bürger erstmals in freien Wahlen den Gemeinderat wählen. Das Ergebnis: 25 Sozialdemokraten, 8 Christlichsoziale und 3 Liberale. Der Sekretär der Metallarbeitergewerkschaft, **Josef Wokral**, wurde Bürgermeister. Im Juni 1919 wurde der Park des Schlosses Lamberg für die Bevölkerung geöffnet.

Die Umstellung der ÖWG auf Automobile, Lkw und Kugellager führte in den 1920er- und 1930er-Jahren trotz technischer Finessen und ansprechenden Designs nicht aus der wirtschaftlichen Krise. Die ÖWG selbst wurde 1926 in Steyr-Werke AG und 1934 in Steyr-Daimler-Puch AG umbenannt. Besonders bekannt wurde der Kleinwagen Steyr 50/55 (»Steyr-Baby«, ab 1936).

Die hohe Arbeitslosigkeit machte Steyr zu einem Synonym für eine in der Krise verarmte Industriestadt. Wohl auch deshalb war Steyr 1934 einer der Brennpunkte des Aufstands der sozialdemokratischen Arbeiterschaft. In Steyr forderten die Kämpfe mindestens 20 Tote.

Die Nationalsozialisten hatten zur Realisierung ihres Rüstungsprogramms vorübergehend genug Beschäftigung für die Arbeiterschaft Steyrs. Das heutige SKF-Werk und der Stadtteil Münichholz entstanden im Norden der Stadt. Im Lauf des Zweiten Weltkriegs wurden immer mehr KZ-Häftlinge und ausländische Zwangsarbeiter in den »Hermann-Göring-Werken« eingesetzt. Überlebende und Angehörige kommen bis heute jährlich im Mai zur »Befreiungsfeier« nach Steyr.

Die Zeit nach 1945

In der Phase des Wiederaufbaus nach 1945 wuchs Steyr beträchtlich. In den neuen Stadtteilen Ennsleite, Tabor und Resthof wurde neuer Wohnraum geschaffen. Das historische Stadtzentrum blieb von der Neubautätigkeit weitgehend unberührt, abgesehen vom Ersatz der erstaunlich geringen Verluste durch die Bombenangriffe der Alliierten.

Die Steyr-Werke (Steyr-Daimler-Puch AG, SDP) lieferten Lkw und Traktoren für den Wirtschaftsaufschwung der 1950er- bis 1970er-Jahre, bis sie mangels Größe und Flexibilität den Anschluss an die europäische Konkurrenz verloren.

Die Entwicklung des historischen Industriegebiets im Wehrgraben war in den 1980er-Jahren Gegenstand heftiger Diskussionen zwischen der Stadtpolitik und einer breiten Bürgerinitiative. Deren Vorschläge zu einer Stadtteilentwicklung unter Wahrung der historischen Substanz setzten sich schließlich durch.

Die Hochwassermarken am Wasserturm in Zwischenbrücken. Das schlimmste Hochwasser ereignete sich 1572

Das große Hochwasser im August 2002 – wenn auch deutlich unter dem Pegel von 1572 – führte zu umfangreichen Schutzmaßnahmen, die in der Folge zu einer merkbaren Reduzierung der kritischen Pegelstände in der Stadt geführt haben. Ein Nebeneffekt ist die deutlich erhöhte Fließgeschwindigkeit der Enns entlang der Altstadt und beim Zusammenfluss von Enns und Steyr.

Der 1980 gerettete historische Wehrgraben

STADTPLATZ

Der Stadtplatz dürfte in seiner heutigen Grundform auf das 13. Jahrhundert zurückgehen, etwa in die Zeit der Stadtrechtsverleihung. Die ungewöhnliche Linsenform mit einem Längen-Breiten-Verhältnis von 7,5 zu 1 folgt dem Gelände zwischen einer leichten Kurve des Ennsflusses im Osten und der Geländestufe zwischen Schloss Lamberg und Stadtpfarrkirche im Westen.

Das älteste Gebäude am Platz ist das berühmte **Bummerlhaus**, das in seiner heutigen Form Ende des 15. Jahrhunderts neu errichtet wurde. Zuletzt entstand 1899 in deutlich überdimensioniertem Maßstab das neugotische Sparkassengebäude (Stadtplatz 20–22), abgesehen vom unauffälligen Ersatz einer im 2. Weltkrieg zerstörten Fassade (Stadtplatz 14).

Der Stadtplatz war Standort der Steyrer Handelsherren, des **Rathauses** und der **Innerberger Hauptgewerkschaft**. Ihr stattlicher Renaissancebau am südlichen Eingang zum Stadtplatz zwischen Grünmarkt und Pfarrgasse beherbergt heute unter anderem Schmollgrubers **Uhrenmuseum**. Bedingt durch baufreudige Zeiten, wirtschaftlichen Aufschwung und die Notwendigkeit zum Wiederaufbau nach Brandkatastrophen ergibt sich eine reiche Mischung von Fassaden der Gotik, Renaissance, des Barock, Rokoko sowie einer Reihe historisierender Gestaltungen aus dem 19. Jahrhundert.

Von den früher für die Wasserversorgung wichtigen Stadtplatzbrunnen blieb der **Leopoldibrunnen** nahe dem Rathaus

◀ Rathaus und Marienkirche am Stadtplatz

erhalten. Er wurde 1683 mit gebrauchten Granitteilen aus dem Kloster Windhaag bei Perg (Mühlviertel) errichtet. Die Figur des Hl. Leopold gibt ihm den Namen, die Mäuler der als Delfinbündel ausgeführten Säule speien Wasser in das Brunnenbecken.

Gastronomie, Hotels, Einzelhandel, darunter das Stammhaus der Handelskette Hartlauer, Banken, Ärzte, das Rathaus mit Touristeninformation und weiters der bäuerliche Wochenmarkt (jeden Donnerstag und Samstag) machen den Stadtplatz zum lebendigen Zentrum Steyrs.

Entsprechend der Jahreszeit wird der Stadtplatz gern für unterschiedliche Aktivitäten genutzt: Schanigärten, das Stadtfest im Juni, das Beachvolleyballevent samt Gewerbeflohmarkt

im Juli, Oldtimertreffen, Eislaufplatz und Adventdörfer. Durch die neue Parkgarage »Stadtplatzgarage« unter der Dukartstraße samt Fußgängersteg über die Enns wird es möglich sein, den Stadtplatz noch flexibler zu bespielen.

Stadtplatz mit alten Bürgerhäusern

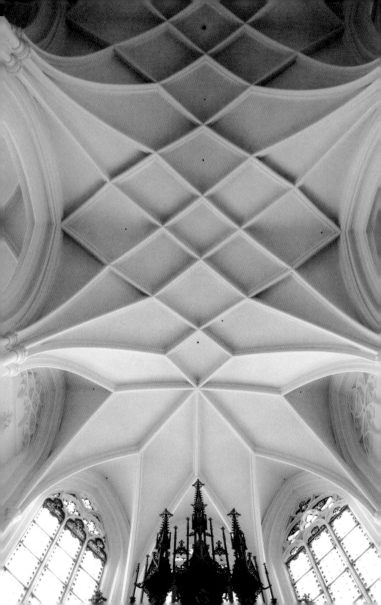

STADTPFARRKIRCHE

Mit dem Bau einer gotischen Pfarrkirche anstelle des romanischen Vorgängerbaus wurde 1442 begonnen. Hans Puchsbaum, der Dombaumeister der Jahre 1439–1455 der Kirche St. Stephan (Stephansdom) in Wien, war mit der Wiener Dombauhütte an Planung und Bauleitung in Steyr beteiligt. Zwei Brände 1479 und 1522, Wirtschaftskrisen und die konfessionellen Auseinandersetzungen verzögerten bis 1630 die Fertigstellung des »Steyrer Münsters«.

Ein Highlight der Innenausstattung ist das von Puchsbaum entworfene **Sakramentshäuschen** (links vom Hochaltar), dessen Tür eine kunstvolle Stahlschnittarbeit ziert. Sehr bemerkenswert ist auch das kelchförmige **Renaissance-Taufbecken** aus dem Jahr 1569 in der Turmkapelle. Es besteht aus 14 Zinnreliefs über einem Holzkern.

Die **Glasfenster** stammen aus verschiedenen Epochen vom späten 13. bis zum späten 19. Jahrhundert. Im Zuge der 2016 abgeschlossenen umfassenden Renovierung der Kirche wurde im hintersten Fenster des südlichen Seitenschiffs eine Strahlenkranzmadonna aus 1520 wieder eingesetzt. Das Motiv erschien im Juni 2016 auf einer Briefmarke der Österreichischen Post.

1876 brannte der barocke Turmhelm, das Turmkreuz durchschlug das Kirchendach und ist heute am Fuß des Turms aufgestellt. Der 80 Meter hohe **neugotische Turm** aus Zogelsdorfer Sandstein wurde bis 1880 errichtet. Der Turm kann bei Stadtführungen besichtigt werden. Die Mühen des Aufstiegs werden belohnt mit einer großartigen Aussicht auf Steyrs kleinteilige Dachlandschaft, auf das Umland und die Kalkalpen im Süden. Beeindruckend ist auch der Blick in den riesigen Holzdachstuhl der Kirche.

Der Schriftsteller und Maler Adalbert Stifter bewirkte 1857 als Landeskonservator, dass die barocke Innenausstattung durch die noch heute bestehende neugotische ersetzt wurde. Bei

Blick zur Stadtpfarrkirche vom Hof des Hauses Grünmarkt Nr. 14

der Kirchenrestaurierung von 2009 bis 2016 unter Stadtpfarrer Roland Bachleitner wurde diese Ausstattung auch bei der Färbelung der Wände, Pfeiler und Gewölbe wiederhergestellt.

Der Komponist Anton Bruckner (1824–1896) verbrachte ab 1884 die Sommer gerne in Steyr, wo er im Pfarrhof wohnte, an seinen Sinfonien schrieb und die Orgel in der Pfarrkirche spielte.

Anton-Bruckner-Denkmal
nahe der Stadtpfarrkirche

SCHLOSS LAMBERG

Das heutige Schloss Lamberg steht an der Stelle der alten Stirapurc, mit deren Gründung um 980 die Geschichte Steyrs begann. 1666 verkaufte Kaiser Leopold I. die Burg und Herrschaft Steyr an den Burggrafen Johann Maximilian Lamberg, der diese bereits als Pfand für offene Kredite an den Kaiser verwaltete.

Nach dem verheerenden Stadtbrand von 1727 erfolgte unter der Leitung des Linzer Baumeisters Johann Michael Prunner der Umbau zum bestehenden Barockschloss. Aus vorbarocker Zeit hebt sich der sogenannte Römerturm stilistisch deutlich von der Barockanlage ab.

Um den Brunnen im Schlosshof wurden im Jahr 1980 zwölf skurrile **Steinzwerge** des Linzer Steinmetzen Johann Baptist Wanscher gruppiert. Sie waren um 1720 für den Park des später aufgelassenen Klosters Steyr-Gleink angefertigt worden.

Die Lamberg'sche **Schlossbibliothek** beeindruckt mit mehr als 10.000 historischen Bänden aus dem 16. bis 19. Jahrhundert.

Ein beliebter Ort für Eheschließungen ist die vom Standesamt Steyr genutzte ehemalige **Schlosskapelle**, deren Chor deutlich aus der Südostfassade springt. Die alten **Pferdestallungen** wurden 2016 als Event-Location von Hertl.Architekten neu gestaltet. Der Schlossgraben wird im Sommer zum Freilufttheater für das **Musikfestival Steyr** *(www.musikfestivalsteyr.at)*.

Das Schloss ist heute im Besitz der Österreichischen Bundesforste AG. Informationen über Stadtführungen im Rathaus und auf *www.steyr.info*

SCHLOSSGALERIE

Die großen Hallen des ehemaligen Speichergebäudes des Schlosses Lamberg, das den Schlossgraben nach Norden abschließt, werden für verschiedene Ausstellungen genutzt. Für die Präsentation zeitgenössischer Künstlerinnen und Künstler durch den **Kunstverein Steyr** eignet sich dieser barocke Zweckbau in besonderer Weise.

Eingang: Blumauergasse 4. Sie erreichen die Schlossgalerie von Zwischenbrücken über die Berggasse, vom Stadtplatz über die Schulstiege (Zugang rechts von Hartlauer), vom Einkaufszentrum City Point über die Promenade oder durch den Schlosspark, vom Museum Arbeitswelt über den Museumssteg und den Treppenturm am rechten Steyrufer.

Öffnungszeiten: Di.–So. 10–12 und 14–17 Uhr.
Aktuelle Programminformation auf
www.kunstvereinsteyr.at

INNERBERGER STADEL

Der Innerberger Stadel beherbergt das Museum der Stadt Steyr. Er ist nach Dimension, Lage und Ausstattung das bedeutendste Steyrer Gebäude aus der Renaissance. Der Stadel wurde um 1612 vom Magistrat als Getreide- und Salzspeicher erbaut.

Nach der Neuorganisation der Eisenwirtschaft unter Kaiser Ferdinand II. erwarb ihn die Innerberger Hauptgewerkschaft. Sie lagerte darin Eisen und Getreidevorräte. Das Fresko »Der Ägyptische Joseph« über dem Hauptportal bezieht sich mit protestantischer Symbolik auf die Funktion als Getreidespeicher.

1910 war der Stadel vom Abbruch bedroht, er sollte einem neuen Postgebäude Platz machen. Erzherzog Franz Ferdinand und der berühmte Steyrer Stahlschnittkünstler Michael Blümelhuber setzten sich mit Erfolg für die Erhaltung ein.

Die Präsentation der Sammlungen entspricht nicht den zeitgemäßen Ausstellungsstandards. Im Hinblick auf die OÖ. Landesausstellung 2021 unter dem Titel »Adel, Bürger, Arbeiter. Der Weg zum modernen Oberösterreich« wird der Stadel für einen modernen Museumsbetrieb fit gemacht.

Falls im zweiten Stock des Museums gerade keine Ausstellung eingerichtet ist: Genießen Sie den unvergleichlichen Eindruck dieses weiten Raums, der von 400 Jahre alten Holzböden, -decken und -pfeilern geprägt ist!

Öffnungszeiten des Museums der Stadt Steyr:
Dienstag bis Sonntag 10–16 Uhr

BUMMERLHAUS

Das Bummerlhaus, Stadtplatz Nr. 32, ist das wohl bekannteste historische Gebäude der Stadt. Es weist alle Merkmale eines typischen spätmittelalterlichen Steyrer Bürgerhauses auf und erstreckt sich mit Höfen und Gärten bis hinauf zur Berggasse. Im Erdgeschoß waren Laden, Kontor (Büro) und Warenlager untergebracht, der Dachboden wurde auch als Warenlager genutzt. Im ersten Obergeschoß wohnten vorn die Familie des Handelsherrn, im Hinterhaus die Dienstboten. Auch gab es eine Hauskapelle, wie sie nur besonders wohlhabenden Bürgern vorbehalten war.

Die bis heute erhaltene Form des Hauses wurde Ende des 15. Jahrhunderts (etwa zeitgleich mit der Entdeckung Amerikas) errichtet. Bauherr war der Besitzer der Liegenschaft, der reiche Hanns Prandtstetter, ein Handelsherr mit guten Kontakten zu Kaiser Maximilian I. und Geschäftsbeziehungen nach Deutschland, Böhmen, Ungarn und Venedig.

Im 19. Jahrhundert war die Gastwirtschaft »Zum Goldenen Löwen« im Haus untergebracht. Die Löwenfigur auf dem Steckschild erinnerte die Steyrer an einen Wagenpinscher (Hunderasse), auch »Bummerl« genannt, wodurch das Haus zu seinem Namen kam.

Von 1898 bis 1964 beherbergte das Haus eine Eisenhandlung, seit 1973 ist eine Bankfiliale angesiedelt. Eine beim Umbau freigelegte gotische Holzbalkendecke im ersten Stock ist bei Nacht vom Stadtplatz gut sichtbar.

◀ Blick auf das Bummerlhaus
vom Portal des Rathauses

INNENHÖFE AM STADTPLATZ

Nicht nur die Fassaden der Bürgerhäuser, sondern auch deren Innenhöfe wurden oft repräsentativ im Stil der jeweiligen Bauzeit ausgestattet. Selbst kleine und weniger aufwendig gestaltete Höfe vermitteln eine sachliche Eleganz und überraschen mit hübschen Details.

Der vielleicht schönste Innenhof am Stadtplatz befindet sich im »Stalzerhaus«, Stadtplatz Nr. 34, links neben dem Bummerlhaus. Die zweigeschossigen Arkaden stammen aus der Zeit um 1600.

Eine ganz andere Atmosphäre vermittelt der Renaissancehof des Schönthanhauses, Stadtplatz Nr. 9, mit seinen dreigeschossigen Arkadengängen. Er dient dem Cafe Rahofer als Gastgarten.

Die Vereinbarkeit historischer Architektur und zeitgemäßer Nutzung zeigt sich in der Filiale eines Modeunternehmens, Stadtplatz Nr. 14: Der schön restaurierte spätgotische Hof aus dem Jahr 1525 wurde in das Geschäft integriert.

Renaissance-Innenhof des Stalzerhauses
(Stadtplatz Nr. 34)

ENNSDORF

Der Stadtteil Ennsdorf am östlichen Ufer der Enns wurde nahe dem Brückenkopf ab dem 15. Jahrhundert besiedelt (**Kollertor** aus 1480). Die Haratzmüllerstraße ist ein typisches Altstadtgässchen mit Bürger- und Handwerkerhäusern aus dem 16. Jahrhundert.

In den 1860er-Jahren kam es mit dem Bau des **Bahnhofs** der Rudolfsbahn vom Knoten der Westbahnstrecke in St. Valentin (NÖ.) ins Ennstal zum Anschluss an die Moderne. Nach der Absiedelung vieler Handelsgeschäfte und Einrichtungen wie des Hauptpostamts harrt er neuer Impulse.

In früheren Jahrhunderten waren im Ennsdorf jene Gewerbe beheimatet, die man wegen Brandgefahr und Geruchsentwicklung lieber abseits der Hauptwindrichtung wusste: Gerber, Färber und Bierbrauer.

Im Süden des Ennsdorfs liegt die neue Tiefgarage »Stadtplatzgarage«. Ein neuer Fußgängersteg über die Enns zum Rathaus verbindet sie mit dem Stadtplatz. Diese Investition kann auch das Ennsdorf mit einer nun fußläufigen Anbindung ans Stadtzentrum als Standort für Wohnen, Handel und Dienstleistungen attraktiver machen.

Ein beliebter Aussichtspunkt ist der kleine Gastgarten des Hotels Minichmayr am **Brückenkopf**. Die Enns rauscht dort fast wie ein Gebirgsfluss unterm Flößerdenkmal vorbei. Über dem nach Westen führenden Steyrtal können Sie die schönsten Sonnenuntergänge der Stadt erleben.

◀ Ennsdorf Süd mit dem Kollertor (rechts)

MICHAELERKIRCHE

Nach dem Sieg der katholischen Gegenreformation ließ Kaiser Ferdinand II. elf Bürgerhäuser am Hang zum Tabor schleifen, um Platz für ein Jesuitenkloster mit Schule und eine repräsentative, das Stadtbild prägende Kirche zu schaffen, die **Michaelerkirche**. Bauzeit: 1635–1677. Das auffällige Giebelfresko »Sturz der gefallenen Engel« von Franz Xaver Gürtler entstand 100 Jahre später in Zusammenhang mit der Erhöhung der beiden Kirchtürme (1766–1770).

Die ehemalige **Spitalskirche** wurde zum Priesterwohnhaus der »Vorstadtpfarre« umgebaut. Daran schließt Richtung Badgasse das **Bürgerspital** an, eines der ältesten Gebäude Steyrs, in dem vom 12. Jahrhundert bis in die 1990er-Jahre ältere und pflegebedürftige oder obdachlose Bürger untergebracht wurden. Sie mussten einer »Christkindlwelt«, dem **1. Österreichischen Weihnachtsmuseum**, Platz machen. (Beim Teufelsbachfall entstand eine neue Notschlafstelle für Obdachlose.)

An der Stelle der Jesuitenschule ist seit 1863 im ehemaligen Klostergebäude das **BRG Steyr Michaelerplatz** (Bundesrealgymnasium) beheimatet.

2011 wurde anlässlich der Kirchturmrenovierung eine Statue des **Erzengels Michael** aufgestellt. Er thront auf einem Granitsockel. Als Symbolfigur der Gegenreformation will er nicht so recht in unsere Zeit passen, in der Toleranz und das Gespräch zwischen verschiedenen Weltanschauungen und Religionen das Flammenschwert abgelöst haben sollten.

◀ Michaelerkirche hinter Bürgerspital
und ehemaliger Spitalskirche am Steyrfluss

STEYRDORF

Steyrdorf war früher das Handwerkerviertel Steyrs. Mit dem Aufschwung der Eisenwirtschaft ab Mitte des 16. Jahrhunderts wurde vor der Stadtmauer der **Wieserfeldplatz** besiedelt. Um 1570 gab es angeblich mehr als 300 Messererwerkstätten, deren Produkte weithin für ihre Qualität berühmt waren. Von der Brücke über die Steyr kommend fällt zwischen Badgasse und Kirchengasse das schmale, reich mit Kratzputzverzierungen ausgestattete historische **Messererzechhaus** auf. Heute ist darin eine Kaffeerösterei etabliert, das Obergeschoß wird bewohnt.

Als »Hauptmesserwerkstätte« bestand in Steyr der Mittelpunkt einer überregionalen Vereinigung von Messererinnungen zwischen Wien und Wels. Die Gegenreformation hat den Niedergang im 17. Jahrhundert beschleunigt, denn die meisten Handwerksmeister waren Lutheraner.

Heute ist der Stadtteil Steyrdorf ein beliebtes Wohnviertel für Menschen, die innen wie außen individuelle Grundrisse, Hausformen und Ausblicke schätzen und damit leben können, nur ausnahmsweise einen Parkplatz in Wohnungsnähe zu finden.

Nur noch wenige Handwerksbetriebe – darunter einige Bäckereien – und Handelsgeschäfte sind übrig. Um den Roten Brunnen hat sich eine kleine, feine Lokal- und Gastronomie-

◀ Steyrdorf mit Michaelerkirche (li.),
Bürgerspitalkirche und Bruderhauskirche,
dahinter das MAN-Werk und die Hügel des
angrenzenden Niederösterreichs

szene gebildet. Das Christkindlcafe im Lebzelterhaus und das Restaurant Franz Ferdinand an der Ecke Sierninger Straße/ Gleinkergasse machen mit ihren Tischen vorm Haus den idyllischen Platz zum Wohnzimmer. In einige aufgelassene Geschäftslokale sind Galerien sowie Künstlerinnen und Künstler mit ihren Ateliers eingezogen.

Sierninger Straße (li.), Roter Brunnen,
Gleinkergasse (re.) – das Herz des Steyrdorfs

Stadtführungen besuchen in der Kirchengasse den wunderbaren Dunklhof mit seinen spätgotischen Arkadengängen. Die Häuser zum Steilhang des Tabors sind teilweise mehrgeschossig unterkellert und bieten bei Themenführungen Gelegenheit zu spannenden Inszenierungen.

Sgrafitto am Messererzechhaus zwischen Badgasse und Kirchengasse

DUNKLHOF

Zuletzt leider vernachlässigt, befindet sich im Haus Kirchengasse 16 einer der schönsten spätgotischen Arkadenhöfe, mit Ergänzungen im hinteren Teil aus der Renaissance. Besonders die variantenreiche Maßwerk-Ornamentik an den Säulen und am Eckpfeiler des Arkadengangs überrascht mit fantasievollen Details.

Von 1958 bis zu ihrem Tod 1982 lebte hier die Schriftstellerin **Dora Dunkl**. Die von ihr veranstalteten Serenadenabende mit Musik und Lesungen sorgten samt der Ausstrahlung dieses Platzes für eindrucksvolle Kunsterlebnisse.

WIESERFELDPLATZ

Die Handwerksbetriebe von anno dazumal sind verschwunden, der Wieserfeldplatz hat sich zu einem beliebten Wohnviertel gewandelt.

Zwei Zeilen meist zweigeschossiger Häuser, schmale Straßen und in der Mitte des Platzes Gärten, in denen Gemüse und Blumen gezogen wurden: Dieses Ideal des Wieserfeldplatzes kann man sich trotz der heute auf pflegeleichte Ziergärten oder Autoparkplätze reduzierten Mitte noch ganz gut vorstellen. In der Anfangszeit wurden hier wohl auch Vieh und Schweine gehalten.

Besiedelt wurde das Wieserfeld vor den damaligen Stadttoren ab etwa 1543, als die Eisenverarbeitung einen deutlichen Aufschwung nahm. Die zahlenmäßig stärkste Gruppe waren dabei die Messerer. Nach Durchsetzung der Gegenreformation mussten viele protestantische Handwerker, die nicht katholisch werden wollten, Steyr verlassen. Sie zogen unter anderem ins deutsche Solingen, wo sie am Aufbau der Stahlwarenerzeugung mitwirkten.

1831 wurde im Haus Nr. 37 der Steyrer Industriepionier Josef Werndl geboren, für viele der bedeutendste Sohn der Stadt.

Die meisten heute bestehenden Fassaden am Wieserfeldplatz wurden in der Biedermeierzeit (ab 1815) vor die alte Bausubstanz aus dem 16. Jahrhundert gestellt.

◀ Häuserzeile am Wieserfeldplatz

Moderne Brunnenskulptur von Gerald Brandstötter
am Wieserfeldplatz

Im östlichen Bereich des Wieserfeldplatzes, unter dem eine
Tiefgarage eingerichtet wurde, fällt das barocke Messererkreuz,
eine Pestsäule von 1715, mit den drei Heiligen Maria,
Sebastian und Rochus auf

FRIEDHOF

Nach der Pestepidemie 1569 und dem Hochwasser von 1572, das auch Friedhöfe beschädigte, wurde auf der Hochterrasse Tabor der bis heute bestehende Friedhof angelegt (Fertigstellung 1584). Der älteste Abschnitt gilt als eine der schönsten **Renaissanceanlagen** dieser Art. Kreuzgratgewölbe-Arkaden mit Familiengruften umrahmen ein geräumiges Quadrat. Der Glockenturm nahe dem Schnallentor trägt eine reiche Rieselputzverzierung. Eine Kapelle im Mittelgang beherbergt Priestergräber. Nach dem ersten beigesetzten Verstorbenen namens Fidelberger nannten die Steyrer den Friedhof lange Zeit »Fidelberg«. Die repräsentative **Grabanlage Josef Werndls** schmücken zwei lebensgroße trauernde Frauenfiguren des Bildhauers Viktor Tilgner (1892), der auch das Werndl-Denkmal auf der Promenade geschaffen hat.

Der Jüdische Friedhof

1874 angelegt, befindet er sich in einem vom übrigen Friedhof abgetrennten, versperrten Abschnitt. Neben 141 Gräbern besteht hier ein Massengrab mit mehr als 100 ungarischen Jüdinnen und Juden, die 1945 bei einem »Todesmarsch« Richtung KZ Mauthausen ums Leben kamen. Eine Stele an der nahe gelegenen Uprimny-Stiege (Aufgang von Gleinkergasse/Wieserfeldplatz) erinnert an die Jüdische Gemeinde in Steyr. Besuche des Jüdischen Friedhofs sind im Rahmen von Führungen möglich, die das Museum Arbeitswelt anbietet.

WEHRGRABEN

Seit dem späten Mittelalter wurde die Kraft des Wassers der Steyr für den Energiebedarf der Gewerbebetriebe genutzt. Die Wassermenge in künstlich angelegten Nebenarmen des Flusses konnte über Wehre gesteuert werden. An vier »Zeugstätten« genannten Gefällestufen wurden Wasserräder betrieben, deren Rotationsenergie mittels Wellen und Riemen den Hammerschmieden, Drahtzugwerken, Messer- und Bohrerschmieden etc. geliefert wurde.

Beim Übergang zur industriellen Fertigung unter Josef Werndl entstand eine dichte Bebauung mit immer größeren Fabrikgebäuden. Die Energieerzeugung wurde auf Dampfmaschinen und schließlich auf elektrischen Strom umgestellt. Die Wasserkraft des Wehrgrabenkanals machte man sich durch ein neues Wasserkraftwerk bei der zweiten Zeugstätte weiterhin zunutze.

Nach der Übersiedlung der Österreichischen Waffenfabriks-Gesellschaft (ÖWG) auf die grüne Wiese im Stadtteil Ennsdorf im Jahr 1916 wurden einzelne Objekte im Wehrgaben weiterverwendet, etwa das Besteckwerk Hack in Objekt XI, andere abgerissen oder in Wohnungen umgebaut.

Heute stellt sich der Stadtteil als bunt gemischte Wohn-, Kultur- und Bildungslandschaft dar. Er beherbergt das Museum Arbeitswelt, die Fachhochschule Steyr (Fakultät für Management), das Kulturhaus Röda und Gastronomiebetriebe.

◀ Wehrgrabenkanal

MUSEUM ARBEITSWELT

Für die oberösterreichische Landesausstellung 1987 »Arbeit/
Mensch/Maschine – Der Weg in die Industriegesellschaft«
wurde das Objekt XI der Österreichischen Waffenfabriks-Gesellschaft adaptiert und um einen neuen Mitteltrakt ergänzt. Als
dauernde Einrichtung erwuchs daraus das Museum Arbeitswelt
(MAW), das zusammen mit der später errichteten Fachhochschule (FH) einen Campus mit reichem Bildungs-, Informa-
tions- und Veranstaltungsangebot bildet. Neben temporären
Ausstellungen zu zeitgeschichtlichen und aktuellen sozialen
Themen bietet das MAW Vortragsreihen mit renommierten
Expertinnen und Experten zu politiknahen Themen sowie Angebote für Schulen im Rahmen der politischen Bildung (Poli-
tikwerkstatt DEMOS).

Öffnungszeiten: Dienstag bis Sonntag 9–17 Uhr,
www.museum-steyr.at

Jährlich Ende August findet in den Räumen des MAW und der
FH die **Kinderuni Steyr** statt. An den rund 150 Seminaren und
Workshops nehmen mehr als tausend lernbegeisterte Kinder teil.

Stollen der Erinnerung
Nahe dem MAW, im Konglomerat-Steilhang unterhalb des
Schlosses Lamberg, wurde 2013 in einem 140 Meter langen
Luftschutzstollen aus dem 2. Weltkrieg eine eindrucksvolle

Ausstellung eröffnet. Der »Stollen der Erinnerung« erzählt über das KZ Münichholz und das Schicksal der Steyrer Zwangsarbeiter/-innen aus vielen Ländern Europas, die Krisen der Zwischenkriegszeit und den Ausbau der Steyr-Werke als Teil der nationalsozialistischen Rüstungsindustrie. Die Idee zu diesem Gedenkort stammte von Karl Ramsmaier, gestaltet hat ihn Architekt Bernhard Denkinger im Auftrag des Mauthausen Komitees Steyr.

Information über Führungen sind im MAW erhältlich,
Tel. 07252/77351, E-Mail: anmeldung@museum-steyr.at

Eingang zum Stollen der Erinnerung

Stollen der Erinnerung in adaptiertem Luftschutzstollen
aus dem 2. Weltkrieg

KULTURHAUS RÖDA

Das Jugendkulturhaus bzw. Kulturhaus Röda im Wehrgraben wurde 1997 vom gemeinnützigen **Kulturverein Röda** mit Unterstützung der Stadt Steyr gegründet. Es bietet ein Café/ Beisl, DJ-Lines, Konzerte (Jazz, Rock, Blues, Swing und vieles mehr), Kabarett und Theater, aber auch Probenräume und eine Werkstatt. Das Röda ist überdies beliebter Veranstaltungsort für Aktionen und Diskussionen, für Flohmärkte und was den Mitgliedern und Interessierten sonst noch so einfällt.

Zur Geschichte des Röda: Das Gebäude Gaswerkgasse 2, zwischen dem früheren Gaswerk und dem Überwasser-Kanal im Wehrgraben gelegen, wurde 1887 als Feuerwehrdepot von Josef Werndls Waffenfabriks-Gesellschaft (ÖWG) errichtet. Der Turm zum Trocknen der Feuerwehrschläuche wurde abgetragen.

Bis 1981 nutzte die Messerfabrik Hack-Werke das Objekt. Danach, und zugleich namengebend, war die Schnitzerei Helmut Röder dort beheimatet.

Neben dem Röda entsteht auf dem Areal des ehemaligen Steyrer Gaswerks der Erweiterungsbau der Fachhochschule Oberösterreich, Campus Steyr. Zusätzliche Flächen für die Lehre und Forschung sowie attraktive Freiräume am Fluss werden geschaffen.

Infos unter: *www.roeda.at*

MÜNICHHOLZ

Im Nordosten der Stadt entstand zwischen 1939 und 1945 ein neuer Stadtteil, das Münichholz, mit 2500 nach einem städtebaulichen Gesamtkonzept angelegten Wohnungen. Errichtet hat ihn die Wohnungsaktiengesellschaft der damaligen »Hermann-Göring-Werke«, begleitend zum Ausbau der Rüstungsindustrie in Steyr. Mehr als zwanzig Bauernhöfe samt landwirtschaftlichen Flächen mussten dafür weichen.

Der Name des Stadtteils leitet sich von der bis heute in kirchlichem Besitz befindlichen großen Waldfläche im Westen ab. Landschaftlich besonders beeindruckend ist die Ansicht des Stadtteils von Süden und Südosten beim Ennsknie, wo vom Ufer eine schroffe Konglomeratwand aufsteigt.

Viele großzügige Grünflächen und die Anordnung der meist zwei- bis dreigeschossigen Wohnhäuser um hofartige, verkehrsarme oder -freie Grünanlagen verleihen dem Stadtteil eine hohe Wohnqualität. Heutigen Bedürfnissen entsprechend wurden Teile der Grünflächen zu Parkplätzen umgestaltet.

Nach dem Zweiten Weltkrieg setzte die Stadt Steyr den Opfern der nationalsozialistischen Diktatur ein besonderes Denkmal: Sie benannte eine Reihe von Straßen in Münichholz nach ermordeten und überlebenden Widerstandskämpferinnen und Widerstandskämpfern.

Freizeit und Tourismus: Im Stadtteil Münichholz befinden sich der Steyrer Campingplatz und eine Miniaturgolfanlage.

◀ Wohnhäuser im Stadtteil Münichholz
über dem Ennsknie

CHRISTKINDL

Die angebliche Wunderheilung des Steyrer Mesners und Stadt-
kapellmeisters Ferdinand Sertl von der Epilepsie im Jahr 1695
veranlasste den Garstner Abt Anselm Angerer, am Ort des
Wunders eine **Wallfahrtskirche** erbauen zu lassen. Sie entstand nach Plänen der damals renommiertesten Architekten Österreichs, Carlo Antonio Carlone und Jakob Prandtauer.

In Christkindl sollten die Gläubigen jene Wachspuppe des
Jesuskinds anbeten können, die in Sertls Geschichte eine zentrale Rolle spielte. Bauzeit der Kirche: ca. 1702 bis 1709. Um
1877 erhöhte der Linzer Dombaumeister Otto Schimmer die
Fassadentürme.

Beim Christkindlwirt hinter der Kirche öffnet jedes Jahr im
Advent das weltberühmte **Weihnachtspostamt 4411**.

Im Nebengebäude des Pfarrhofs sind zwei bemerkenswer-
te **Krippenanlagen** untergebracht. Eine mechanisch bewegte
Krippe von Karl Klauda (1855–1939) mit ca. 300 bewegten
Figuren sowie die 58 m² große Pöttmesser-Krippe mit 778 ge-
schnitzten Figuren in orientalischer Landschaft.

Zwischen dem Steyrer Stadtplatz und Christkindl verkehren
in der Adventzeit Oldtimer-Postbusse aus den 1950er-Jahren.
Die Fahrtzeit beträgt etwa 15 Minuten. Bei der Ankunft und
Abfahrt ertönt laut das Dreiton-Signalhorn.

Ein besonderes Erlebnis, vor allem für Kinder: Am 1. Ad-
ventsonntag startet der Nikolaus mit einem Ballon und vielen
Briefsendungen von der Wiese vor dem Pfarrhof Christkindl.

GARSTEN

Der südliche Nachbarort steht seit Jahrhunderten in enger Verbindung mit Steyr. Das Benediktinerstift Garsten wurde um 1080 von Markgraf Otakar II. gegründet. Die Äbte waren bis zur Aufhebung des Klosters 1787 durch Kaiser Joseph II. für die Seelsorge der Steyrer Bürgerschaft zuständig. Der erste Abt Berthold (1111–1142) wurde vom Volk bald als Heiliger verehrt (offizielle Anerkennung durch Rom 1970). Zwischen den Äbten und den Steyrer Bürgern kam es immer wieder und besonders im reformationsbewegten 16. Jahrhundert zu Konflikten.

Die barocke Stiftsanlage entstand ab 1677 nach Plänen der Baumeister- und Künstlerfamilie Carlone und unter Mitwirkung Jakob Prandtauers (sein Hauptwerk ist Stift Melk). Die ehemalige Stiftskirche und jetzige Pfarrkirche wurde 2007 aufwendig restauriert. Damals war es möglich, das Arbeitsgerüst hinaufzusteigen und auf einer Holzplattform die Stuckausstattung und Deckengemälde aus nächster Nähe zu bewundern.

Einen aktuellen Bezug stellten einst die Fresken mit der Darstellung des Sieges über die Türken vor Wien (1683) von Carl Reslfeld an der Rückwand der Musikempore her. Bemerkenswert sind weiters die Hochgräber des Stifterpaars Otakar und Elisabeth und des Hl. Berthold aus dem 14. Jahrhundert, die Losensteiner Kapelle mit Grabmälern der Herren von Losenstein aus dem 13. bis 17. Jahrhundert sowie niederländische Bildteppiche im Presbyterium.

◀ Die Pfarrkirche Garsten mit dem ehemaligen Benediktinerstift, seit 1851 eine Männer-Strafvollzugsanstalt

Das Stiftsgebäude wird seit 1851 als eine der großen Männer-Strafvollzugsanstalten der österreichischen Justiz verwendet. Die Errichtung des Ennskraftwerks Garsten-St. Ulrich 1967 führte zu einer wesentlichen Umgestaltung der Landschaft im Zentrum Garstens. Eine große Schleife der Enns wurde begradigt und der Fluss rückte vom ehemaligen Klostergebäude weg. Auf dem gewonnenen Land entstanden öffentliche Einrichtungen wie das Freibad, die Neue Mittelschule, ein Seniorenheim und Sportplätze.

Pfarrkirche Garsten, Rückwand der Musikempore:
Darstellung des Sieges über die Türken vor Wien 1683

Einer der ältesten und beliebtesten Adventmärkte der Region, der Garstner Advent, findet an den ersten beiden Adventwochenenden sowie am 8. Dezember (Maria Empfängnis) am Garstner Platzl statt, *www.garstner-advent.at*

Barocke Pracht in der Garstner Pfarrkirche

STEYRTAL-MUSEUMSBAHN

Die Steyrtalbahn entstand in Etappen zwischen 1889 und 1909 als Schmalspurbahn mit 760 mm Spurweite. Sie verband die damals schon bestehenden Normalspurbahnen Rudolfsbahn (Ennstalbahn) und Kremstalbahn: 1889/90 Garsten – Grünburg – Agonitz, 1891 Flügelstrecke Pergern – Bad Hall, 1909 Grünburg – Klaus.

Die Strecke Grünburg – Klaus wurde nach einem Felssturz 1980 eingestellt und die Trasse für den Steyrtalradweg umgebaut. 1982 erfolgte die endgültige Einstellung des regulären Bahnbetriebs durch die ÖBB. 1985 nahm die Österreichische Gesellschaft für Eisenbahngeschichte (ÖGEG) den Museumsbahn-Betrieb auf. Vom Altbestand der Steyrtalbahn sind noch zwei Lokomotiven der Reihe 298 der Baujahre 1888 und 1914 im Einsatz.

Die Museumsbahn verkehrt fahrplanmäßig zwischen dem früheren Steyrer Lokalbahnhof und Grünburg in der Weihnachtszeit und im Sommer. Sonderfahrten können während des ganzen Jahres gebucht werden. Die Strecke von 17 Kilometern, meist nah am Steyrfluss, wird in 60 Minuten zurückgelegt.

Informationen über Termine und Fahrpläne auf
www.steyrtalbahn.at

◀ Historischer Lokalbahnhof Steyr:
Schmalspur-Dampflokomotive der Reihe 298

JOSEF WERNDL

Seine unternehmerische Tatkraft, seine Lernbereitschaft und sein Pioniergeist ließen Josef Werndl zur zentralen Figur der Industrialisierung Steyrs in der zweiten Hälfte des 19. Jahrhunderts werden. Vielen gilt er nicht nur wegen seiner stattlichen Körpergröße von 2,05 Metern als größter Steyrer.

Josef Werndl stammte vom Wieserfeldplatz und war das zweite von 17 Kindern des Bohrerschmieds Leopold Werndl und seiner Frau Josefa, geborene Millner. Er erlernte das Handwerk eines Büchsenmachers in Wien. 1852/53 machte er sich in den USA als Mitarbeiter der Firmen Remington und Colt mit den damals modernsten Werkzeugmaschinen und Produktionsmethoden vertraut. 1853 erwarb Werndl die Kettenhuberschleife an der zweiten Zeugstätte des Wehrgrabens, machte sich mit einem Polier- und Schleifbetrieb selbstständig und baute diesen stetig aus.

1867 zog er einen Großauftrag des k. u. k. Kriegsministeriums für die Ausstattung mit neuen Gewehren an Land. Die technische Überlegenheit seines gemeinsam mit Karl Holub entwickelten Hinterladergewehrs war evident. Historiker gehen davon aus, dass auch Werndls spontaner Einsatz bei der Niederschlagung einer Häftlingsrevolte in Garsten, wo er 1866 mit 150 seiner Fabrikarbeiter das Bürgerkorps unterstützte, das Wohlwollen des Kaisers steigerte.

Die Gründung der Österreichischen Waffenfabriks-Gesellschaft, Investitionen in die neue Technologie der Erzeugung

Das Werndl-Denkmal
an der Handel-Mazzetti-Promenade

elektrischer Energie und damit angetriebener Produkte prägten Werndls Einfluss als Industrieller. Ebenso prägend: sein Einsatz für den Anschluss Steyrs an das entstehende Eisenbahnnetz sowie sozialpolitische Initiativen (Wohnbau, Schwimmbad, Arbeitslosengeld) für die Stammbelegschaft und auch seine – teilweise konfliktgeladene – Stellung im politischen und gesellschaftlichen Leben.

Josef Werndl (li.) in einem Glasfenster der Stadtpfarrkirche anlässlich der 900-Jahr-Feier Steyrs im Jahr 1880

Werndl starb im April 1889 an einer Lungenentzündung, die er sich auf einer Kutschenfahrt zu seinen Werken in Letten (Gemeinde Sierning) bei Wind und Wolkenbruch geholt haben dürfte. 1894 wurde auf der Promenade in Steyr das vom Wiener Bildhauer Viktor Tilgner entworfene Werndl-Denkmal errichtet. Kein anderes Denkmal kommt an dessen Ausmaße und Präsenz heran. Es entspricht damit der Wertschätzung, die bis heute der Lebensleistung Werndls zuerkannt wird.

Die Steyrer Schwimmschule, von Josef Werndl gegründet, das älteste Arbeiterbad Europas

STEYR-WERKE

1916 übersiedelte die Waffenfabrik (ÖWG) aus dem engen, hochwassergefährdeten Wehrgraben auf die geräumigen Plattnergründe im Osten Steyrs über dem Ennsdorf. Die beiden weithin sichtbaren Schlote sind bis heute ein Wahrzeichen der Stadt.

Nach dem Ersten Weltkrieg führte der erzwungene Verzicht auf Rüstungsprodukte zu einer starken Reduktion der Belegschaft. 1926 wurde die ÖWG in Steyr-Werke AG und 1934 in Steyr-Daimler-Puch AG umbenannt. Trotz der Wirtschaftskrise wurden zwischen 1920 und 1940 mehr als 56.000 Automobile hergestellt, technisch raffinierte Produkte mit ansprechendem Design. Der Steyr XII (vgl. die Verbindung zu Bertolt Brecht, Kapitel »Literatur«) in den 1920er-Jahren und der 1936 vorgestellte, beliebte Typ 50/55, »**Steyr Baby**«, sind Beispiele dafür.

Im Zweiten Weltkrieg, während der Jahre des »Anschlusses« an Deutschland, waren die Steyr-Werke in die Kriegswirtschaft integriert. Viele Kriegsgefangene und Zwangsarbeiter aus den besetzten Ländern wurden bei der Herstellung von Rüstungsmaterial eingesetzt.

In den Jahren des Wiederaufbaus nach 1945 wurden die »Steyr-Werke« mit der Produktion von Traktoren und Lkw wieder zum Leitbetrieb mit Tausenden Arbeitsplätzen. Weitere Werke des Unternehmens in Graz und Wien erzeugten den Puch 500, einen Ableger des Fiat 500 mit eigenem Motor, Geländewagen der Typen Haflinger und Pinzgauer sowie Autobusse und Panzerfahrzeuge.

Mit der Internationalisierung der Fahrzeugindustrie konnten die Österreicher auf Dauer nicht mithalten. Ab 1987 wurden die verschiedenen Sparten des Unternehmens an internationale Konzerne verkauft. Die Lkw-Produktion in Steyr wurde von MAN übernommen und der Magna-Konzern entwickelte das Werk in Graz zu einem Hersteller für Sondermodelle unterschiedlicher Autofirmen. SKF aus Schweden übernahm das Steyr-Wälzlagerwerk, die Steyr-Traktoren gingen an Case, inzwischen nach Fusionen mit Fiat und New Holland in CNH Global umbenannt.

Das ehemalige repräsentative Verwaltungsgebäude der Steyr-Werke beherbergt heute unter der Bezeichnung »Palais

Steyr 55 (»Steyr Baby«), Modell 1:43

Werndl« unterschiedliche Dienstleister, unter anderem aus den Bereichen Gesundheit und Körperpflege.

Schlote und Fabrikgebäude der Steyr-Werke

EISENUHRENMUSEUM
SCHMOLLGRUBER

Der Steyrer Uhrmacher Friedrich Schmollgruber präsentiert seine Sammlung historischer Eisenuhren im »Schmollgruber Haus«, einem stattlichen Renaissancegebäude zwischen Grünmarkt, Stadtplatz und Pfarrgasse, das die Innerberger Hauptgewerkschaft 1582 als ihren Verwaltungssitz errichtete. Das Museum ist im ersten Stock untergebracht.

Die ältesten Exponate sind Türmeruhren aus dem späten 14. Jahrhundert. Die Fähigkeit zur immer exakteren Messung der Zeit und ihrer Darstellung veränderte das Alltagsleben der Menschen. Eine Turmuhr auf dem jeweiligen Stand der Technik war im ausgehenden Mittelalter nicht nur ein bloßer Zeitmesser, sondern auch Ausdruck der Modernität und des Wohlstands einer Stadt.

Meister Schmollgruber erklärt bei Führungen die Veränderungen, mit denen die Funktion der Uhrwerke nach und nach verbessert wurde. Neben dem technischen Erfindungsreichtum beeindruckt die handwerkliche Präzision und ästhetische Ausführung der komplizierten Maschinen.

Zu sehen sind auch einige Bratenwender und mechanisch betriebene Drehspieße, technisch verwandt, wenn auch viel einfacher als Uhrwerke.

Anmeldung: Tel. 07252/53091-16, *www.schmollgruber.at*

KLETTERHALLE

2016 haben die Naturfreunde Steyr im Stadtteil Resthof im Norden der Stadt eine Kletterhalle eröffnet. Das Innenleben des außen schlichten schwarzen Gebäudes ist durch die Höhe von 13 Metern, die Wandformen und Farbgestaltung optisch auch für Laien sehr eindrucksvoll. Kletterbegeisterte finden eine gefühlt unendliche Zahl möglicher Routen in den Schwierigkeitsgraden 3+ bis 11-. Auch für Anfänger gibt es ein breites Angebot.

Technische Daten
Grundfläche: 750 m^2
Kletterfläche: 1150 m^2 (900 m^2 Vorstieg, 250 m^2 Boulder)
Wandhöhe: 11,5–13 m
Boulderhöhe: 4,5 m
Zwei Selbstsicherungsautomaten
Einsteiger-/Kursbereich mit vier unterschiedlichen Neigungen
Therapie-Boulderbereich

Anreise mit öffentlichem Verkehrsmittel: Stadtbus 2a

Information und Kontakt: *www.kletterhalle-steyr.at*

NATURSCHUTZGEBIET UNTERHIMMLER AU

Im Westen des Stadtgebiets wurden ab 1998 der Flusslauf der Steyr und angrenzende Teile des Auwalds zum Natur- bzw. Landschaftsschutzgebiet erklärt. Es liegt zwischen dem Kruglwehr und verbautem Areal und dient als Naherholungsgebiet.

Der naturnahe Flusslauf, die Schotterbänke, Konglomeratwände, eine Flora mit einer Vielzahl an gefährdeten Farnen und Blütenpflanzen sowie die Auwälder in unterschiedlich vom Hochwasser betroffenen Bereichen sind wesentliche Elemente dieses Naturschutzgebiets.

Unterhalb des Kruglwehrs wird eine lang gezogene Schotterbank gern als Badestrand genutzt. Wer die Kälte der Steyr überwindet, die sich auch an heißen Sommertagen kaum über 18 Grad Celsius erwärmt, kann hier ganz nahe der Stadt ursprüngliche Badefreuden in einem der saubersten Flüsse Oberösterreichs erleben.

Im Landschaftsschutzgebiet entstand an der Unterhimmlerstraße durch die Unterstützung vieler Baumpaten und -patinnen eine Streuobstwiese mit mehr als 300 teils seltenen Obstbäumen. Sie ist jederzeit zugänglich, die Früchte dürfen für den Eigenbedarf gepflückt werden.

Für das Projekt erhielt die Stadt 2010 den OÖ. Landespreis für Umwelt und Natur (Kategorie »Erhaltung der biologischen Vielfalt«).

ADVENTPROGRAMM

Die Wallfahrtskirche Christkindl am westlichen Stadtrand Steyrs stand Pate für die Bewerbung Steyrs als **»Christkindlstadt«**. Dazu gibt es eine lange Reihe von Angeboten.

Steyrer Kripperl: Das letzte historische Puppentheater der Region im Innerberger Stadel.

Steyrtal-Museumsbahn: Schmalspurbahn mit Dampflokomotiven vom Ende des 19. Jahrhunderts, sie fährt vom ehemaligen Lokalbahnhof Steyr flussaufwärts nach Grünburg/Steinbach an der Steyr.

Christkindl: Wallfahrtskirche, mechanische Krippe und Pöttmesser Krippe im Pfarrhof, Ballonstart mit dem Nikolaus (1. Adventwochenende).

Das Christkindlpostamt bietet von Ende November bis 6. Jänner weihnachtliche Sondermarken und Sonderstempel für Weihnachtspost in alle Welt.

Weihnachtsmuseum im alten Bürgerspital: Weihnachtsschmucksammlung, Erlebnisbahn in den Dachstuhl, Darstellung internationaler Weihnachtsbräuche.

◀ Oldtimer-Postbus »Steyr Saurer«,
Baujahr 1962, an der Haltestelle vor der
Marienkirche am Stadtplatz

Weihnachten im Schloss: Verkaufsausstellung weihnachtlichen Kunsthandwerks (Weihnachtsschmuck, Keramik, Holz- und Textilkunst, Krippen) in der Schlossgalerie des Schlosses Lamberg.

Adventmarkt Altstadt/Adventdorf auf dem Stadtplatz: Punsch, Snacks und populäre Weihnachtsmusik.

Schmiedeweihnacht auf dem Stadtplatz: Erinnerung an alte Handwerkskunst am offenen Kohlenfeuer, Romantik mit Ruß-Emission.

Christkindlmarkt Promenade/Schlosspark: Rund dreißig Aussteller bieten weihnachtliche Geschenksartikel und kulinarische Köstlichkeiten an.

Garstner Advent: Am 1. und 2. Adventwochenende sowie am 8. Dezember, gediegenes Kunsthandwerk und Stände der lokalen Vereine.

Oldtimerbusse der Marke »Steyr« fahren vom Stadtplatz nach Christkindl, Garsten und Gleink.

Erlebnisbahn im Weihnachtsmuseum

STEYRER KRIPPERL

Seit 1922 hat eines der letzten alten Stabpuppentheater des deutschen Sprachraums einen festen Platz im Innerberger Stadel (Museum der Stadt Steyr). Es dürfte aus dem Material mehrerer Wanderkrippenbühnen bestehen, deren Tradition bis ins 18. Jahrhundert oder noch weiter zurückreicht. In Steyr wurde zuerst in Gasthöfen in den Stadtteilen Ennsdorf und Steyrdorf gespielt.

Die ehrenamtlichen Spieler/-innen präsentieren mit insgesamt 400 an Stielen geführten Holzfiguren weihnachtliche Begebenheiten aus der christlichen Überlieferung und meist humorvolle Szenen aus dem städtischen und handwerklichen Leben, so wie es sich vor etwa 200 Jahren in Steyr abgespielt haben mag. Der Liachtlanzünder, der Bäckernazl und der Kasperl sind beliebte Figuren.

Die Bühne besteht aus drei Ebenen: oben das biedermeierliche Steyr, in der Mitte Werkstätten der wichtigsten Handwerksberufe und ganz unten eine weihnachtliche Krippe. Besonderes Augenmerk legen die Akteure auf die Pflege des lokalen Dialekts mit seiner unverwechselbaren Sprachmelodie.

Spielzeiten: Ende November bis Anfang Jänner, jeweils an Wochenenden. Spieldauer: ca. eine Stunde. Mehr Infos zum Spielplan auf *www.steyr.info/steyrerkripperl*

WEIHNACHTSMUSEUM

Im ehemaligen Bürgerspital am Michaelerplatz, einem der ältesten Häuser Steyrs, das auf das 12. Jahrhundert zurückgeht, wurde das 1. Österreichische Weihnachtsmuseum eingerichtet. Eine reiche Sammlung von historischem Weihnachtsschmuck unterschiedlicher Stile mit überraschenden Einzelstücken wird in den verwinkelten Räumen präsentiert. Die rund 14.000 Exponate aus den Jahren 1830 bis 1945 sowie unzählige Puppen stammen aus der Privatsammlung der Wienerin Elfriede Kreuzberger.

Etwas skurril mutet die sogenannte Erlebnisbahn an, deren Wägelchen über steile Anstiege und um enge Kurven entlang der alten Mauern des früheren Bürgerspitals ruckeln. Es geht vorbei an Schaukojen, die Weihnachtstraditionen in Österreich und Bräuche aus vielen Ländern der Erde darstellen.

Unter dem hohen Dachstuhl wurde eine »Engelswerkstatt« aufgebaut, wo Hunderte Engerln Vorbereitungen für das Weihnachtsfest treffen. Für Kinder jedenfalls ein Grund, gleich noch einmal mit der Erlebnisbahn zu fahren. Fürchten Sie sich nicht, wenn es während der Fahrt mit den Schienengondeln zu (nicht selten) Betriebsstörungen kommt: Die sehr freundlichen Mitarbeiter werden Sie retten.

MODERNE ARCHITEKTUR

Seit 1945 sind in Steyr nur wenige Gebäude entstanden, die Aufmerksamkeit verdienten und die man als beachtenswert bezeichnen könnte, sowohl funktionell wie ästhetisch und in Bezug zu ihrer Umgebung. Einige gelungene Bauten sollen hier genannt werden.

Bei seiner Fertigstellung galt das **Hochhaus Ennsleite** der Steyr-Daimler-Puch AG als Sensation. Der »Wolkenkratzer« mit Lift wurde von manchen Bürgern kritisch kommentiert. Neu gefärbelt zeigt es sich als durchaus gelungener Beitrag der 1950er-Jahre zum Stadtbild.

Das Leuchtturmprojekt der Wehrgraben-Sanierung, das **Museum Industrielle Arbeitswelt**, ein ehemaliges Fabrikgebäude, beeindruckt durch funktionelle und ästhetisch gelungene moderne Ergänzungen der Industriearchitektur des 19. Jahrhunderts: die Mittelhalle zurückhaltend, die Bar im Obergeschoß über dem Überwasser der Steyr als selbstbewusster Akzent.

Von 1959 bis 1971 wurde an der Arbeiterstraße das **Seelsorgezentrum Ennsleiten** (Kirche und Pfarrhof) erbaut. Der Entwurf stammte von den Architekten der Arbeitsgruppe 4 (Wilhelm Holzbauer, Friedrich Kurrent, Johannes Spalt) und Johann Georg Gsteu. Der Schriftsteller und Architekt Friedrich Achleitner schreibt: »Diese Seelsorgeanlage nimmt in der Geschichte des modernen österreichischen Kirchenbaus eine ganz besondere Stellung ein. Obwohl Ende der fünfziger Jahre die

Hochhaus auf der Ennsleite, errichtet 1955 von der Steyr-Daimler-Puch AG. Vorn der 2017 erbaute Steg über die Enns

Diskussion noch nicht so weit war, wurde hier bereits der Weg in Richtung multifunktionalem Raum eingeschlagen.« (Friedrich Achleitner, Öst. Architektur im 20. Jh., Residenz Verlag 1980, S. 102 f.)

Alt und neu vereint: »Gartenhaus« von Hertl.Architekten (2014) an der Haratzmüllerstraße

Die **Kirche Resthof** der Linzer Architekten Riepl und Riepl gibt seit 2001 dem architektonisch wenig anspruchsvollen 1970er-Jahre-Stadtteil Resthof im Norden Steyrs ein markantes Zentrum. Sie ist Franz von Assisi geweiht. Im gläsernen Turm der Kapelle befindet sich als Interpretation des Fischsymbols eine Lichtinstallation des amerikanischen Künstlers Keith Sonnier.

Die neue **Hanggarage** (Stadtplatzgarage) unter der Dukartstraße mit Fußgängerbrücke über die Enns zum Stadtplatz stammt vom Architekturbüro Marte.Marte Architekten aus Vorarlberg. Dieser Zugang eröffnet einen völlig neuen Blick auf die Stadt.

Zu ihrem unkonventionellen »**Gartenhaus**«, einem kleinen Veranstaltungszentrum an der Haratzmüllerstraße, findet sich auf der Homepage von Hertl.Architekten aus Steyr: »Das Gartenhaus ist innen und außen, es ist alt und neu, es ist in der Stadt und es ist Land. Das Gartenhaus ist hoch über dem Wasser der Enns und nah am Wasser gebaut. Es nimmt in Anspruch und regt an. Das Gartenhaus ist ein Refugium.«

Ebenfalls von Hertl.Architekten: Ein kleines, auffällig gestaltetes, **schwarz verkleidetes Haus** am Ufer der Enns im Stadtteil Neuschönau. Es beherbergt eine Grafikagentur und eine Wohnung.

a bak   l i a d
one bam
one gras
one wossa

a bak
one fegl
one luft
one sand

a bak
one bam
one gras

nua r a mond fola schwamaln
nua r a blaus deamometa
zwaa meta fon heazz
zwaa meta fua d augn
zwaa meta fon mia . .

a r oez deamometa!
a mond fola schwamaln!
a bak one bam . .

I wia *nii* en mein lem
en s baradis kuma . . !

                                H. C. ARTMANN

LITERATUR IN STEYR

Erich Hackl

Einer der bekanntesten österreichischen Autoren der Gegenwart ist der 1954 in Steyr geborene Erich Hackl. Schicksale in Spanien, Lateinamerika und im Nationalsozialismus sind zentrale Themen seines Werks. Die Erzählung »Abschied von Sidonie« über das Roma-Mädchen Sidonie Adlersburg, das bei einer Pflegefamilie nahe Steyr lebte, von Nationalsozialisten nach Auschwitz verschleppt wurde und dort 1943 starb, wurde 1990 von Karin Brandauer verfilmt. Erich Hackl ist Träger des Ehrenrings der Stadt Steyr. Gemeinsam mit Till Mairhofer gab Hackl 2005 das Steyr-Lesebuch »Das Y im Namen dieser Stadt« heraus (Ennsthaler Verlag, Steyr).

Marlen Haushofer

Die als Marie Helene Frauendorfer (1920–1970) in Frauenstein (Molln) geborene Schriftstellerin lebte nach der Heirat mit dem Zahnarzt Manfred Haushofer in Steyr. Die mehrfach ausgezeichnete Autorin verfasste Kinder- und Jugendbücher, Romane und Erzählungen. Ihr bekanntester Roman »Die Wand«, erschienen 1963, wurde 2012 von Julian Pölsler verfilmt, die Hauptrolle spielte Martina Gedeck. Haushofers Urne ist am Steyrer Friedhof beigesetzt.

◀ Stele der Installation »Lyrik im Park«
(»liad« von H. C. Artmann)

Bertolt Brecht

Eine eigentümliche Verbindung hat sich zwischen dem deutschen Dramatiker und Lyriker Bert Brecht und Steyr, genauer den Steyr-Werken, ergeben. 1928 textete Brecht ein Werbegedicht (»Singende Steyrwägen«) für die renommierten Steyr-Automobile. Mit dem Steyr XII, den er als Honorar erhielt, kam er auf einer Fahrt nach Fulda wegen eines entgegenkommenden Rasers von der Straße ab. Laut einem damaligen Zeitungsbericht soll Brecht durch ein geschicktes Manöver relativ glimpflich mit leichten Verletzungen davongekommen sein.

»Singende Steyrwägen«

Wir stammen/Aus einer Waffenfabrik
Unser kleiner Bruder ist/der Mannlicherstutzen
Unsere Mutter aber/eine steyrische Erzgrube.
...
Wir haben:/sechs Zylinder und dreißig Pferdestärken
Wir wiegen:/Zweiundzwanzig Zentner
Unser Radstand beträgt:/Drei Meter
Jedes Hinterrad schwingt geteilt für sich: wir haben
Eine Schwenkachse.
Wir liegen in der Kurve wie Klebestreifen.
Unser Motor ist:/Ein denkendes Erz.

(Aus: Brecht, Bertolt: Gesammelte Werke, Band 8,
Frankfurt am Main 1987, S. 318)

Robert Musil

Robert Musil besuchte von 1886–1890 die Volksschule an der Promenade. Sein Vater war von 1882–1890 Leiter der Fachschule und Versuchsanstalt für Stahl- und Eisenindustrie (heute HTL) in Steyr. Die Familie wohnte in der Preuenhueberstraße Nr. 4, wo 2013 eine Gedenktafel angebracht wurde. Musils bedeutendstes Werk ist der Roman »Der Mann ohne Eigenschaften«.

Lyrik im Park

Auf Initiative des Marlen-Haushofer-Literaturforums wurden im Schlosspark 13 »Parkgedichte« installiert. Die Metallstelen haben Schüler der HTL Steyr hergestellt. Auch zwei Steyrer sind mit Gedichten vertreten: Dora Dunkl und Till Mairhofer.

Stadtbücherei Marlen Haushofer

Die Stadt Steyr betreibt in der Bahnhofstraße eine großzügig gestaltete Bücherei. Auf rund 700 m² stehen mehr als 34.000 Medien zur Verfügung.

Literaturtage Steyr

Anfang Juni 2017 fanden erstmals die Literaturtage Steyr statt, initiiert von der Übersetzerin, Publizistin und gebürtigen Steyrerin Karin Fleischanderl. Österreichische Autoren lasen aus ihren Werken. Die Literaturtage sollen zum jährlichen Fixpunkt im Veranstaltungskalender der Stadt werden.

www.steyr-literaturtage.at

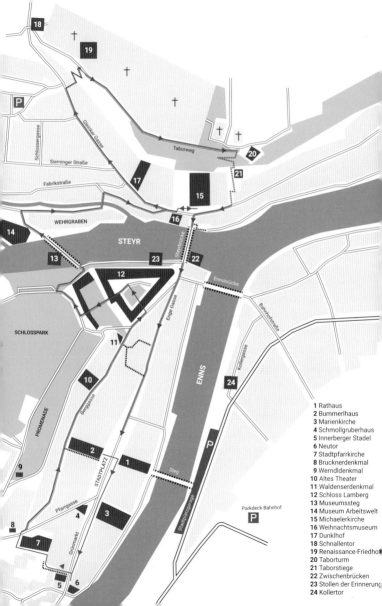

1 Rathaus
2 Bummerlhaus
3 Marienkirche
4 Schmollgruberhaus
5 Innerberger Stadel
6 Neutor
7 Stadtpfarrkirche
8 Brucknerdenkmal
9 Werndldenkmal
10 Altes Theater
11 Waldenserdenkmal
12 Schloss Lamberg
13 Museumssteg
14 Museum Arbeitswelt
15 Michaelerkirche
16 Weihnachtsmuseum
17 Dunklhof
18 Schnallentor
19 Renaissance-Friedhof
20 Taborturm
21 Taborstiege
22 Zwischenbrücken
23 Stollen der Erinnerung
24 Kollertor

RUNDGANG DURCH
DAS HISTORISCHE STEYR

Dieser Vorschlag für einen etwa zweistündigen Rundgang durch das historische Steyr führt zu vielen Stationen, die bereits in diesem Buch beschrieben sind. Die tatsächliche Dauer hängt von der individuellen Verweildauer, den Kaffeepausen, Ihrem Zeitbudget und Ihrer Gehgeschwindigkeit ab.

Starten Sie beim **Rathaus** am Stadtplatz. Dort können Sie in der Tourismusinformation noch Auskünfte einholen oder Geräte für einen MP3-Rundgang ausborgen. Gegenüber dem Rathaus sehen Sie das **Bummerlhaus**. Wenden Sie sich nun nach Süden, vorbei am **Schmollgruberhaus**, über den Grünmarkt zum Stadtmuseum im **Innerberger Stadel**. Rechts davon führt eine schmale Gasse zur Pfarrstiege und weiter zur **Stadtpfarrkirche** hinauf. Vom nördlichen Kirchenausgang biegen Sie in die Berggasse ein, die direkt zum **Schloss Lamberg** führt. Etwa in der Mitte der Berggasse erlaubt die Steinmauer des Bummerlhaus-Gartens reizvolle Durchblicke auf die Steyrer Dachlandschaft und den Rathausturm.

Der repräsentative Eingang des Schlosses Lamberg an der Berggasse führt in den Schlosshof, der 2015 nach barockem Vorbild neu bepflanzt wurde. Von der Arkadenbrücke lassen sich im Burggraben die Steinböcke und im Sommer die Bühne des Musikfestivals betrachten. Am Ende des Arkadengangs wenden Sie sich nach rechts zur Schlossgalerie. Von dort führt

ein Weg hinunter zum Treppenturm und zum **Museumssteg** über die Steyr.

Am Zusammenfluss von Enns und Steyr spiegeln sich das ehemalige Bürgerspital und die Türme der Michaelerkirche sowie der Bürgerspitalskirche. Zwischen **Museum Arbeitswelt** und Fachhochschule kommen Sie zum Wehrgrabenkanal, den Sie flussabwärts bei der Vierten Zeugstätte zur Badgasse überqueren. Hier erzeugt ein eingehaustes Wasserrad elektrischen Strom und ruht Ulrike Schörkls Skulptur »Big Mama« auf dem kleinen Platz.

Die enge, teilweise überbaute Badgasse führt hinauf zum **Michaelerplatz** mit dem **Weihnachtsmuseum**. Gegenüber wacht der bronzene Erzengel Michael mit Flammenschwert und Weltkugel. Links geht's, am Messererzechhaus vorbei, die Kirchengasse hinauf zum Roten Brunnen, den einige Lokale säumen. Auf halbem Weg kommen Sie rechts am **Dunklhof** mit seinen schönen spätgotischen Arkadengängen vorbei.

Rechts vom Roten Brunnen geht es die Gleinkergasse hinauf bis zur Uprimnystiege, benannt nach Friedrich Uprimny, der als einziger jüdischer Steyrer nach dem Zweiten Weltkrieg zurückkehrte und sich für die Renovierung des jüdischen **Friedhofs** engagierte. Der interessanteste Teil des Friedhofs aus der Renaissance ist einige Schritte hinter dem Eingang vom Taborweg über den Durchgang links erreichbar.

◀ Berggasse, vom Turm
der Stadtpfarrkirche gesehen

Zurück auf dem Taborweg wenden Sie sich Richtung **Tabor-turm**. Dem Aussichtspunkt dort liegen der Zusammenfluss von Enns und Steyr, die Innere Stadt und der Stadtteil Ennsdorf zu Füßen. Dahinter breitet sich ein weites Panorama mit dem Damberg, den Kirchtürmen von St. Ulrich und Garsten und im Süden den Voralpenbergen und Gipfeln der Kalkalpen aus. Die **Taborstiege** (bald auch mit Panoramalift) führt wieder hinunter zum Michaelerplatz. Über die Steyrbrücke, über **Zwischenbrücken** im Winkel des Zusammenflusses und durch die Enge Gasse führt der Weg zurück zum Ausgangspunkt auf dem Stadtplatz.

Der Rotary Club Steyr hat zwei **Panoramawege** mit Informationsstelen ausgestattet. Diese wurden an elf Aussichtsplät-

Steinpflaster in der Kirchengasse

zen postiert und erzählen über die Geschichte der Stadt. Die Standorte sind auf einem Stadtplan dargestellt, der gratis in der Touristeninformation im Rathaus erhältlich ist.

Stele des Rotary Clubs Steyr am ehemaligen rechten Brückenkopf der alten Schönauerbrücke mit Blick zum Neutor

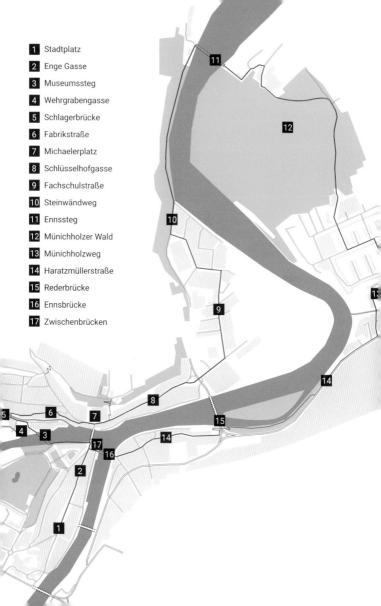

1 Stadtplatz
2 Enge Gasse
3 Museumssteg
4 Wehrgrabengasse
5 Schlagerbrücke
6 Fabrikstraße
7 Michaelerplatz
8 Schlüsselhofgasse
9 Fachschulstraße
10 Steinwändweg
11 Ennssteg
12 Münichholzer Wald
13 Münichholzweg
14 Haratzmüllerstraße
15 Rederbrücke
16 Ennsbrücke
17 Zwischenbrücken

EINE RUNDE MIT DEM FAHRRAD DURCH STEYR

Ein Tourenvorschlag für Gäste, die mit dem Fahrrad einen Eindruck von Steyr gewinnen möchten:

Starten Sie beim Rathaus auf dem **Stadtplatz**. Von dort geht es über die **Enge Gasse** und den **Museumssteg** zum Museum Arbeitswelt, dann über die **Wehrgrabengasse** in Richtung Westen bis zur **Schlagerbrücke**. Auf der **Fabrikstraße** fahren Sie zurück in Richtung Osten durch die **Badgasse** zum **Michaelerplatz**. Weiter geht es über die **Schlüsselhofgasse** (gegen die

Museumssteg und Museum Arbeitswelt
am Steyr-Fluss

Einbahn) zur **Fachschulstraße**, über die Röselfeldstraße und
Sportplatzstraße auf den **Steinwändweg** und weiter über den
Ennssteg in den Stadtteil Münichholz.

Badgasse

Durch den **Münichholzer Wald** und die Wohnsiedlung fahren Sie zum **Münichholzweg**, dann auf dem Radweg entlang der **Haratzmüllerstraße** und entlang der Enns bis zur Rampe bei der **Rederbrücke**.

Über den historischen Teil der Haratzmüllerstraße führt die Route bis zur **Ennsbrücke** im Stadtzentrum, hinüber nach **Zwischenbrücken** und durch die **Enge Gasse** zurück zum Ausgangspunkt auf dem Stadtplatz.

E-Bike-Verleih: E-Mobility, Enge Gasse 16
Tel.: 0676/5646261

Rohrbrücke und Steg über die Enns nach Münichholz

STADLKIRCHEN

Einen Ausflug wert ist Stadlkirchen, eine Ortschaft mit rund 300 Einwohnern in der Steyrer Nachbargemeinde Dietach. Die kleine sehenswerte Filialkirche, 1074 geweiht, gehörte zu einem einst bedeutenden Schloss, das zur Gänze abgetragen wurde. Um 1335 wurde der relativ kleine Chorraum im Kircheninneren mit eindrucksvollen Fresken ausgestattet. Sie zeigen eine Schutzmantelmadonna, das Weltgericht, die Hl. Margarete aus dem Drachen steigend, im Gewölbe die vier Evangelisten und viele weitere Motive. Nach 1990 wurden diese Schätze wiederentdeckt und aufwendig restauriert.

Anreise über die B 309 (Pkw oder Bus) in Richtung Enns, Ausfahrt oberhalb des Heubergs.
Einkehrtipp: Stadlkirchner Hofstub'n, *www.hofstubn.at*

Filialkirche Stadlkirchen, Hl. Margarete
(Fresko um 1335)

NATIONALPARK KALKALPEN

Der Nationalpark Kalkalpen, eröffnet 1997, ist mit 20.850 Hektar im Sengsengebirge und Reichraminger Hintergebirge das größte Waldschutzgebiet Österreichs. Seltenen und gefährdeten Tier- und Pflanzenarten bietet er Lebensraum und Rückzugsgebiet, Besucher finden Erholung in unberührter Natur.

Informationen über das große Angebot an Erlebnismöglichkeiten, über Fauna, Flora, Geologie, Gewässer, Almen und aktuelle Führungen erhält man in den drei Besucherzentren:

- Nationalpark Zentrum Molln
- Nationalpark Besucherzentrum Ennstal
  in Reichraming (beim Ennskraftwerk Großraming)
- Nationalpark Panoramaturm Wurbauerkogel
  in Windischgarsten.

Auch die gesamte umliegende Region Nationalpark Kalkalpen mit 18 Gemeinden zwischen den Flüssen Steyr und Enns, zwischen Reichraming und Hengstpass bietet vielfältige Möglichkeiten für Wanderungen, Radtouren, Wildwasserbaden, Besuch von Naturdenkmälern und Almwirtschaften.

»Steyr am Nationalpark« mag als Versuch eines Brandings mit den Aspekten Industrie und Natur etwas weit hergeholt sein. Gästen der Region ist aber zu empfehlen, die 1000-jährige Handels- und Industriestadt und die seit zwei Jahrzehnten sich selbst überlassene Natur mit einem Besuch zu verknüpfen.
www.kalkalpen.at

◀ NP Kalkalpen – Blick ins Herz des
Reichraminger Hintergebirges und des
Sengsengebirges

UNTERKÜNFTE, RESTAURANTS, CAFÉS

Hotels, Gasthöfe, Pensionen in Steyr

****Hotel-Restaurant Minichmayr
Haratzmüllerstraße 1–3, Blick auf Zusammenfluss
Enns–Steyr, Ruhetag So., *www.hotel-minichmayr.at*

****Landhotel Mader
Stadtplatz 36, klassische Gasthausstube,
mittelalterliche Kellergewölbe, Lounge, Gastgarten auf dem
Stadtplatz, Ruhetag So., Mo. ab 17 Uhr geöffnet,
www.mader.at

****Stadthotel Styria
Stadtplatz 40–42, *www.styriahotel.at*

****Vitus Steyr Hotel & Spa Suites
Leopold-Werndl-Straße 27, *www.vitussteyr.at*

***Gasthof Schwechaterhof
Leopold-Werndl-Straße 1, neben der Stadtpfarrkirche,
Bierspezialitäten, Gastgarten, So. Nachmittag und
Mo. bis 17 Uhr geschlossen, *www.schwechaterhof.at*

****Hotel und Restaurant Christkindlwirt
Christkindlweg 6, unmittelbar hinter der Wallfahrtskirche
Christkindl, im Dezember Christkindlpostamt im Haus,
Österr. Umweltzeichen, Blick auf das Naturschutzgebiet
Unterhimmler Au, *www.christkindlwirt.at*

***Gasthof Pöchhacker
Sierninger Straße 122, traditioneller Gasthof am Wiesenberg,
seit 1924, Gastgarten, Ruhetag Do., So. ab 14 Uhr geöffnet,
www.gasthof-poechhacker.at

**Gasthof Santa
Sierninger Straße 69, gutbürgerliches Wirtshaus, Gastgarten,
Ruhetag Di., Sonn- und Feiertage ab 15 Uhr geöffnet.

**Gasthof Bauer
Josefgasse 7, im Wehrgraben, nahe an den Badestellen der
Steyr sowie beim Freibad »Schwimmschule«, Gastgarten,
Ruhetage Mo. und Di., *www.bauer-gasthof.at*

**Motel Maria
Reindlgutstraße 25, *www.motel-maria.at*

Jugendherberge Steyr
Josef-Hafner-Straße 14, ruhige, zentrale Lage in der
Wohnsiedlung Ennsleite, ca. zehn Gehminuten vom Bahnhof
entfernt, *www.steyr.at/jugendherberge*

Der Campingplatz »Camping am Fluss«
befindet sich an der Enns im Stadtteil Münichholz,
Kematmüllerstraße 1a. Ganzjährig geöffnet, 50 Stellplätze.
Für die ca. 20 Minuten dauernde Fahrt ins Stadtzentrum
stehen Leihräder zur Verfügung; Buslinie 1 Münichholz–
Stadtzentrum; 18-Bahnen-Minigolfanlage *(www.psvsteyr.at)*
in der Nachbarschaft, *www.campingamfluss.at*

Steyr-Umgebung

****Landhotel Eckhard
St. Ulrich, Eisenstraße 94, am Enns-Stausee gelegen,
Seeterrasse, *www.hotel-eckhard.com*

***Landgasthof Wirt im Feld
Dietach, Ennser Straße 99, familiengeführter, traditioneller
Gasthof, großer Festsaal, 95 Gästezimmer, *www.wirtimfeld.at*

***Landgasthof Mayr
St. Ulrich, Pfarrplatz 3, im Zentrum der südöstlichen
Nachbargemeinde Steyrs gelegen, seit 1313 in
Familienbesitz, schöner Gastgarten neben der gotischen
Kirche, ca. eine Dreiviertelstunde zu Fuß vom Steyrer
Zentrum, geschlossen an Sonn- und Feiertagen,
www.landgasthof-mayr.at

Restaurants und Cafés in Steyr

Restaurant Bräuhof
Stadtplatz 35, Gastgarten auf dem Stadtplatz,
Mo.–So. 10–23 Uhr, *www.braeuhof.at*

Restaurant Orangerie im Schlosspark
In einem barocken Gartenhaus, erbaut Ende des
17. Jahrhunderts, Terrasse zum Schlosspark,
Ruhetage Di. und Mi., *www.orangerie-steyr.at*

Café und Restaurant Rahofer
Stadtplatz 9, Haube Gault&Millau, Gastgarten
im Renaissance-Arkaden-Innenhof, Ruhetage So. und Mo.,
www.restaurant-rahofer.at

Restaurant und Bar Franz Ferdinand
Gleinkergasse 1, direkt beim Roten Brunnen,
mediterrane Speisen und Weine, im Sommer Tische vor dem
Lokal, Ruhetage So. und Mo., *www.franzferdinand.at*

Wirtshaus Knapp am Eck
Wehrgrabengasse 15, Gastgarten im Hof neben dem Museum
Arbeitswelt, kreative Speisekarte (Form und Inhalt),
Ruhetage So. und Mo., *www.knappameck.at*

Konditorei Schmidt
Stadtplatz 1, alteingesessenes Kaffeehaus,
Erfinder der Steyrertorte, handgemachte Pralinen,
www.konditorei-schmidt.at

Eissalon Buburuza
Enge Gasse, ausgefallene Eiskreationen, Sitzgelegenheiten
und Liegestühle auf der Gasse. Laut Gourmetjournal
»Falstaff« bestes Eis Österreichs.
www.buburuzaeis.com

Café Werndl
Zwischenbrücken, kleiner Vorgarten,
www.cafe-werndl.stadtausstellung.at

Café-Bar Treff
Ennskai/Goldschmiedgasse, geöffnet täglich ab 18 Uhr.

Chileria – die scharfe Greißlerei
Grünmarkt 18, Feinkost und Bistro,
Di.–Fr. 9–18 Uhr, Sa. 9–14 Uhr
www.chileria.at

Steyr-Umgebung

Natur Gourmet Gorfer

Garsten/Saaß, Herrenweidestraße 20, schöner alter Bauernhof
mit Restaurantbetrieb, zwei Hauben von Gault&Millau.
Geöffnet Fr. 18–23 Uhr, Sa./So. 11.30–21 Uhr,
Reservierung wird empfohlen, *www.gorfernaturgourmet.at*

Gasthaus zur Queng

Garsten/Rosenegg, Tinstinger Straße 10, Landwirtshaus
in der Nähe des Naturschutzgebiets Unterhimmler Au,
Gastgarten unter Kastanienbäumen, Ruhetage Mo. und Di.,
www.queng.at

Gasthaus Schoiber

St. Ulrich, Dambergstraße 14, Ausflugsgasthof am Damberg,
dem Hausberg der Steyrer, Gastgarten mit Blick über Steyr
und das Alpenvorland, Ausgangspunkt für Wanderungen
zur Dambergwarte, Ruhetag Mo., *www.schoiber.at*

Weitere Informationen auf *www.steyr.info*

SERVICE / ADRESSEN

Homepage Stadt Steyr: *www.steyr.gv.at*

Tourismusverband Steyr am Nationalpark
4400 Steyr, Stadtplatz 27, Tel. +43 (0)7252/53229,
E-Mail: info@steyr.info, *www.steyr.info*

Erlebnis-Spaziergänge, Nachtwächter-Stadtrundgänge,
Nachtwächter-Dine-around: Nähere Infos beim
Tourismusverband Steyr

Die SteyrCard
Freie Eintritte & Premium-Ermäßigungen für Gäste, die in
Steyr nächtigen. Nähere Infos beim Tourismusverband Steyr

Würde ohne Hürde
Steyr barrierefrei erleben. Stadtführer für Rollstuhlfahrer.
Kostenlos erhältlich beim Tourismusverband

Stadtmarketing Steyr
»Stadtkult!Steyr«: *www.stadtkult-steyr.a*t

Steyr-App
für iOS und Android, kostenlos, Infos unter *www.gem2go.at*

Shopping Steyr: *www.steyr-shopping.at*

Stadtführungen mit staatlich geprüften Austriaguides:
www.stadtfuehrungen-steyr.at

Kleine historische Städte (KHS)
Steyr ist eine von 16 KHS in Österreich: *www.khs.info*

Segway in Steyr
Grünmarkt 15, von März bis Weihnachten,
www.segway-in-steyr.at

Bauernmärkte
Wochenmarkt am Stadtplatz jeden Donnerstag und Samstag
von 7.30–11 Uhr; Bauernmarkt bei der Bezirksbauernkammer
(gegenüber Einkaufszentrum City Point) jeden Freitag von
13–16 Uhr sowie Samstag von 8–11 Uhr

Tagen in Steyr
Tagungen, Seminare, Events: Business Class Steyr,
Tel. +43 (0)7252/53229-0, *www.business-steyr.at*

Parkmöglichkeiten
Stadtplatzgarage Dukartstraße (Steg über die Enns zum
Stadtplatz); Reithofferplatz; *www.handyparken.at*

Bäder

Stadtbad, Haratzmüllerstraße 126 (Stadtbus Linie 1).

Schwimmschule, Wehrgrabengasse 61 (Stadtbus Linie 2b)

Kino

City Kino Steyr, *www.citykino-steyr.at*

Minigolf Münichholz

Kematmüllerstraße 1b, Tel. +43 (0)7252/87037.

Geöffnet täglich bei Schönwetter 13–21 Uhr

Golfplatz Kronstorf–Steyr

Dörfling 2, 4484 Kronstorf, *www.golfpark-metzenhof.at*

E-Bike-Verleih und geführte Touren

E-Mobility, Enge Gasse 3, Telefon: +43 (0)676/5646261.

www.emobility.co.at

Christkindlregion

Steyr-Garsten-Sierning-Steinbach an der Steyr:

www.christkindlregion.com

Regionale Literatur

Buchhandlung Ennsthaler, Stadtplatz 26, *www.ennsthaler.at*

Anreise nach Steyr

A1 – B309 (von Salzburg, Linz, Enns)
A1 – B122/B42 (von Wien, St. Pölten, Stadt Haag,
Seitenstetten)
A9 – B140 (von Graz, Obersteiermark, Windischgarsten)
B115 (aus dem Ennstal, von Eisenerz, Hieflau, Weyer)

Eisenbahn aus Salzburg, Passau, Linz oder aus Wien,
St. Pölten über St. Valentin – S1 im Stundentakt nach Steyr
und Garsten; Regionalzüge aus dem Ennstal (Kleinreifling)

ÜBER DEN AUTOR

Foto: © Anna Ritzberger-Moser

Der Steyrer **Reinhard Kaufmann** (Jg. 1955) beschäftigt sich seit der Oberstufe im Gymnasium Michaelerplatz in Steyr mit der Geschichte und Gegenwart seiner Heimatstadt. Heribert Mader gab ihm dazu als Lehrer für Bildnerische Erziehung wichtige Anregungen. Um 1980 setzten sich beide mit vielen anderen erfolgreich für die Rettung des historischen Steyrer Wehrgrabens ein. Das vielfältige Stadtbild, das spannende Zusammenspiel von Natur und Architektur vor allem in der Steyrer Altstadt und die faszinierenden Details dokumentiert Kaufmann seit vielen Jahren mit der Fotokamera. 1989 erschien bei Ennsthaler sein erster »Kurzführer durch die historische Stadt Steyr«. Beruflich ist Kaufmann seit dem Studium der Rechtswissenschaften im Bereich Arbeitsrecht tätig. Seit Oktober 2015 ist er Stadtrat für Mobilität und Umwelt.

WEITERS ERSCHIENEN

Franz Xaver Pritz: Geschichte der Stadt Steyr
472 Seiten, Hardcover, ISBN 978-3-85068-001-1

Manfred Brandl: Neue Geschichte von Steyr
402 Seiten, Hardcover, ISBN 978-3-85068-093-6

Hans Stögmüller: Josef Werndl und die Waffenfabrik in Steyr
448 Seiten, Hardcover, ISBN 978-3-85068-860-4

Hubert Schier: Die Steyrer Automobil-Geschichte von 1856 bis 1945
352 Seiten, Hardcover, ISBN 978-3-85068-926-7

Erich Hackl/Till Mairhofer (Hg.): Das Y im Namen dieser Stadt
424 Seiten, Broschur, ISBN 978-3-85068-646-4

Franz Harrer: Sagen und Legenden aus Steyr und Umgebung
216 Seiten, Broschur, ISBN 978-3-85068-004-2

Kurt Daucher: Nachtwächtergeschichten aus Steyr
80 Seiten, Broschur, ISBN 978-3-85068-883-3

ENNSTHALER VERLAG STEYR